앞으로 더 잘 될 거야

20대에 떠난 뉴질랜드, 싱가포르에서의 기록

앞으로 더 잘 될 거야

초판 1쇄 발행 | 2019년 7월 30일

지은이 | 오인환
펴낸이 | 김지연
펴낸곳 | 생각의빛

주 소 | 경기도 파주시 한빛로 70 515-501

출판등록 | 2018년 8월 6일 제 406-2018-000094호

ISBN | 979-11-90082-14-3 (03960)

원고 투고 | sangkac@nate.com

ⓒ오인환, 2019

* 값 13,200원

* 생각의빛은 삶의 감동을 이끌어내는 진솔한 책을 발간하고 있습니다. 참신한 원고가 준비되셨다면 망설이지 마시고 연락주세요.

이 도서의 국립중앙도서관 출판예정도서목록(CIP)은 서지정보유통지원시스템 홈페이지(http://seoji.nl.go.kr)와 국가자료종합목록 구축시스템(http://kolis-net.nl.go.kr)에서 이용하실 수 있습니다. (CIP제어번호 : CIP2019024931)

앞으로 더 잘 될 거야

오인환 지음

생각의빛

당신에게 도움이 될 나의 이야기

"엄마! 3개월만 영어공부 좀 하고 올게."

하지만 나는 그뒤로 4년 간 집에 들어가지 않았다. 내가 해외에서 보낸 시간이 4년이었다는 사실을 새삼 깨닫게 된 건, 다시 마주하게 된, 부모님의 주름이 깊어졌다 라는 사실을 깨달았을 때부터다.

멋지게 해외에서 좋은 조건의 계약을 마치고, 위풍당당하게 한국으로 돌아갔다. 주변의 친구들은 내가 외국에서 계약한 조건을 부러워했고, 곧바로 다시 해외로 나가야 하는 나의 바쁜 일정에 환상도 갖고 있었다.

1주 정도 되는 짧은 휴가를 마친 후, 나는 다시 4년을 집에 돌아가지 않았다. 아무래도 나는 커다란 잘못을 하고 살았다는 생각이 들었다.

지금은 고향인 제주도 서귀포시에서 부모님과 함께 지내고 있다. 나의 20대를, 20대답게 보내게 해 주신, 부모님께 다시 한번 감사드리며, 내가 부모님의

지지로부터 얻은 이 소중하고, 값진 경험과 '보석' 같은 기억들을, 더 이상 묵히고, 잊혀버리는데 방치하지 않고, 많은 사람들에게 알려, 그 쓰임이 있게 하고자, 이 글을 쓴다.

원고를 쓰기 전, 한 친구가 말했다.

'책은 아무나 내냐?'

녀석은 내가 유학을 결심했을 때도, 현지 취업을 하기 전에도, 수출 진행을 앞두고, 심지어 출국 전에도, 항상 같은 말을 했다. 나의 가장 친한 친구이지만, 난 그의 말을 귀 기울이지 않는다.

내가 길지 않은 인생을 살면서 느낀 것은 성공한 사람들은 모두 도전하라고 말한다는 사실이다. 반면 자리에 머물러 있거나 실패한 사람은 하지 말라고 말한다. 우리가 누구의 말을 들어야 하는지 명확해진다.

나보다 인생을 재미있게 산 사람도 많고, 성공한 사람들은 수도 없이 많다. 세상에는 그런 사람들이 넘쳐나고 있다. 하지만 그러한 사실이 나의 이야기가 누구에게도 도움이 되지 않는다는 걸 의미하지는 않는다. 내가 오늘의 경험과 기억을 얻는데 수많은 시간과 실패가 들어갔다. 누군가는 나의 글을 보고 시간과 비용을 줄일 수도 있고, 실패의 확률도 줄일 수도 있다.

단 한 명의 독자라도 조그마한 도움을 얻는다면, 내가 쓰는 이 글의 가치는 그것으로 다했다고 생각한다. 평범한 30대의 쌍둥이 아빠 이야기를 좋은 마음으로 읽어 주기를 바라며, 내가 겪은 수많은 일들을 간접 경험으로써, 나 저자와 함께 간직해 주었으면 좋겠다. 지금도 나의 수첩 맨 앞 장에는 이런 글이 쓰여 있다.

"앞으로는 더 잘 될 거라는 기대감!"

Chapter 1
가자, 뉴질랜드로

나를 명품으로 만드는 20가지 원칙

1. 밥을 굶을지언정 돈은 빌리지 않는다.

2. 기록 가능한 모든 것은 기록한다.

3. 모든 인간관계는 평생의 자산이 된다.

4. 언어는 곁에 두고 공부한다.

5. 술, 담배 도박 게임은 될수록 하지 않는다.

6. 하고 싶은 일을 적고 하나씩 시도해본다.

7. 상대의 이야기에 귀를 기울이고 박수와 칭찬을 아끼지 않는다.

8. 생각은 천천히 행동은 즉각적으로 한다.

9. 할 일을 되도록 빨리 끝내고 여유시간을 확보한다.

10. 사람들의 좋음 면을 찾아내고 칭찬의 말을 건넨다.

11. 상대방의 말에 맞장구를 쳐준다.

12. 고맙고 감사한 일은 반드시 표현한다.

13. 매 순간 누구에게나 정직한다.

14. 때로는 큰 잘못도 눈감아 준다.

15. 매 순간이 단 한번뿐임을 기억한다.

16. 내가 먼저 큰소리로 인사한다.

17. 부정적인 사람을 멀리하고 배울 수 있는 사람과 긍정적인 사람을 곁에 둔다.

18. 한번도 경험하지 못한 일들을 해보는데 망설이지 않는다.

19. 나 자신을 위한 적당한 지출에 자책감을 갖지 않는다.

20. 모든 상황은 양면이 있다라고 항상 깨닫는다.

선택은 당신이 가질 수 있는 특권이다

'선택'은 빈부귀천, 남녀노소에 따라 구분되는 것이 아니라 모든 사람이 태어나면서부터 갖게 되는 천부적인 권리다.

초등학교를 졸업하면, 예정된 중학교에 입학하고, 중학교를 졸업하면, 성적에 맞춰 고등학교를 입학한다. 고등학교를 졸업한 후에는 수능 점수에 맞춰 대학이 정해지고 대학을 마치면 나를 받아주는 회사에 입사한다.

어느새 우리는 부여 받은 '선택'이라는 권한을 조금씩 잊고 살아간다. 그래서일까, 우리는 '누구 때문에', 혹은 '~ 때문에' 라는 말을 달고 산다. 그 대상은 부모님이 될 수도 있고, 배우자가 될 수도 있다.

'선택'은 사건의 '원인'이 되고, '시작점'이 된다. 그리고 '선택' 후에 오는 것은 '책임'이다. 우리는 때론, '책임'이라는 부담을 지고 싶지 않기 때문에, '선택'이라는 고유의 권한을 남에게 양도한다. 그리고 그 '책임'을 전가 하는 것으로 자기 방어를 한다. 하지만 내가 전가한 책임은 전가되지 않는다. 그 뒷수습을 해야 하는 것은 항상 본인의 몫이다.

억울하지 않은가? 다른 이에게 선택을 양도하고, 자신이 그 뒷수습을 하며 살아가는 삶이란……. 20살이 되면서 꿈이 생겼따. 남들보다 늦은 나이였지만, 어쩌면 빨랐다고 생각한다. 다른 이들의 꿈처럼 '대기업 직원'이거나 '공무원' 등은 나의 꿈이 아니었다. 직업은 어떤들 상관이 없었다.

나의 꿈은 '주체적인 삶'을 사는 것이었다. 남이 정해준 스케줄에 의해 삶을 맞춰 나가는 것은, 내 선택을 남에게 양도하는 것이라고 생각했다. 내가 바다를 보고 싶을 땐, 바다를 보러 가고, 내가 하늘을 보고 싶을 땐, 하늘을 보러 갈 수 있는 그런 '주체적인 삶'. 의외로 많은 사람들이 자신이 모르는 사이에, 자유를 박탈 당했다는 것을 망각한다. 어쩌면 사회 시스템에 의해서, 혹은 주변의 환경이나, 상사 혹은 가족에 의해 우리는 생각보다 많은 자유를 박탈 당하고 살아간다. 나는 내가 지게 될 결과의 책임이 온전히 나의 선택으로 시작하기를 바랬다.

지금도 나의 꿈은 '주체적인 삶'이다. 내가 원하는 방식으로 움직이고, 생각하는 그 '주체적인 삶'을 살기 위해 지금도 열심히 나를 가꾸고 있다. 내가 완전한 '주체적인 삶'을 살 수 있도록 하루를 노력하고 있다.

선택은 매순간 새로운 기회를 준다

우리는 항상 배운다. 그것은 당신이 인지를 하건, 인지하지 못하건, 매 순간 일어나고 있다. 택시 운전을 업으로 삼고 있는 사람들에게 자동차는 감사의 대상이다. 그들은 자동차를 통해 수입을 얻고, 하루의 대부분을 자동차와 함께 보낸다. 반면, 차 사고가 있었던 사람에게, 자동차는 두려움의 대상이 된다. 하지만, 차의 본질은 달라진 것이 아무것도 없다. 자동차의 예처럼, 세상 모든 것들은 그저 그것들로 스스로 의미를 가질 뿐, 좋고 나쁨이 없다.

우리가 평가하기에 따라 대상은 좋은 것이 되기도 하고, 나쁜 것이 되기도 한다. 음악은 카페나 공연장에서는 '아름다움'이라 표현되고, 도서관에서는 '소음'이라 표현된다. 우리가 마음먹기에 따라, 대상은 항상 '아름다움'이 될지, '소음'이 될 지를 기다리고 있다.

좋은 것들을 주변에 두고 살아가는 것은 매우 중요한 일이다. 만물은 우리의

'선택'을 기다리고 있다. 때론, 좋고 때론 나쁜 모습으로 살아가는 만물은 언제든지 우리가 원하는 방향으로 선택된다. 주변에 좋은 것을 두고 살지, 나쁜 것을 두고 살지는 모두 우리의 몫이다.

세상을 모두 변화시키기는 어렵다. 하지만, 나의 가치관 하나만 바꾸면, 만물은 스스로 변한다. 객관적인 세상이 변화한다는 말을 하고자 하는 것이 아니다. 요컨대, '소풍 가는 날, 비가 와서 옷이 젖는 것은 나쁜 일이다.' 라는 관점에서 '소풍 가는 날, 비가 와서, 비를 맞으며 신나게 놀 수 있었다.' 혹은, '누군가는 이 비를 맞으며 힘들게 일하고 있을 텐데, 나는 놀고 있으니 얼마나 감사한 일인가?' 라는 관점으로 바꾸는 일이다.

세상은 얼마든지 변화된다. 파란색을 보면 우울해지는 사람이 있다. 이 사람은 언제나 하늘을 볼 때마다 우울해 진다. 그가 아무리 노력해보지만, 파란 하늘을 다른 색으로 바꾸는 것은 쉽지가 않다. 밤이 되면, 하늘은 검게 변한다. 그도 평온을 찾게 된다. 하지만 다음날 아침이면, 하늘은 어김없이 파란색이 된다. 그가 아무리 기도하고 하늘을 가리는데 열정을 쏟아 붓는다 하더라도, 그 평생의 반은 우울과 좌절로 살아가야 할 것이다.

우리에게는 하늘을 바꿀 어떠한 방법도 없다. 그것을 인지해야 한다. 우리가 하늘을 바꾸는 것 보다는, 우리의 취향을 바꾸는 편을 '선택' 해야 한다. 내면 깊은 곳에, 파란색을 싫어할 만한 이유가 있는지를 생각해 봐야 한다. 따지고 보면, 별일 아닌 사건으로, 단순히 파란색을 싫어하게 되었을 수도 있다. 우리는 그 하찮은 이유로, 인생의 반을 우울하게 보내게 된다.

예의가 없는 사람을 볼 때, 이기적인 사람을 볼 때 우리는 화가 난다. 내가 처한 상황이 불합리할 때나, 힘들 때도 화가 난다. '과연 내가 화를 내며 스트레스를 받는다고, 그들이 나의 입맛에 따라 바꾸어줄까?', 혹은 '그 상황은 해결될까?

나는 오랫동안 비슷한 고민을 해왔다. 누군가의 '선택'(감정이나 언행)들로 인해 내가 상처받았던 적은 있는가? 그들의 '선택'들로 인해 나의 하루를 망치는 우를 범한 적이 있진 않은가? 매 순간의 감정은 모여서, 하루의 행복을 결정한다. 하루는 모이고 삶이 된다. 우리는 해결하지 못할 일들에, 엄청난 에너지를 소모하며 살아간다. 우리가 해결하려는 것들이, 인생 전체에서 얼마나 티끌 같은지를 깨달아야 한다. 힘든 기억들도 언젠가는 책 한 줄의 소재가 된다.

언젠가 내가 죽도록 미워했던 누군가의 이름은 이제 기억도 나질 않는다. 앞으로 우리는, 겪었던 일들의 변형된 형태를 또 다시 마주할 것이다. 우리는 그것들을 다시 대할 때, 같은 실수를 범하지 않기 위해, 모든 상황을 배움으로 혹은, 즐거운 경험으로 바꾸어야 한다.

불교 경전 《열반경》에는 '맹인모상(盲人摸象)' 우화가 나온다. 속담인 "장님 코끼리 만지기"의 유래다. 제한된 경험과 학습 탓에 인간의 인지 능력과 판단력이 쉽게 편협하고, 왜곡된다는 말이다. 눈을 감은 장님이 만진 코끼리의 다리 모양이 기둥형이라고, 실제 코끼리가 기둥 모양이 되지는 않는다. 우리가 진실이라고 알고 있는 사실은 실제로 눈만 뜨고 보면, 전혀 사실이 아닌 경우가 많다.

코끼리의 전체 모습을 보지 않고서는 그림을 그려낼 수 없다. 예를 한번 들어보자, 우리는 아름다운 자연 풍경화를 그리고 있다. 이 그림을 완성하기 위해서는 꽃 한 포기를 정성껏 관찰하는 것도 중요하지만, 한 발 떨어진 곳에서, 대략적인 전체의 형태를 살펴보는 것이 무엇보다 중요하다. 사소한 것들에 목숨을 거는 행위는 매우 간단하게 예를 들 수 있다. 풍경화를 그릴 때, 빈 도화지에 아주 자그마한, 풀 한 포기를 섬세하게 그려내는데 모든 에너지를 쏟아 내는 것과 같다. 우리의 목적은 풀 한 포기를 그려내는 것이 아니라, 풍경화를 완성시키는 일이다.

나에게는 평범한 사람들이 겪어 보지 못할 경험들이 꽤나 있다. 보기에 따라, 시련이라고, 쓸 수도 있는 그런 일들은 수 년이 지난 현재, 나에게 어떠한 영향도 주고 있지 않다. 지나간 고난은 아름다운 추억일 뿐만 아니라, 좋은 이야기의 소재거리도 되어준다.

오늘이라고 하는 하루, 혹은 방금 전이라고 하는 사건, 하나 하나를 가지고, 인생을 불운하게 채울 필요는 없다. 그러한 이유로, 나는 인생의 전체 그림을 보는 것을 '선택'했다. '선택'은 매순간, 당신에게 새로운 기회를 준다. 내 인생의 큰 그림은 인생을 재미나게 사는 것이었다. 나는 그것을 '선택'했다.

나는 군 시절, 보직이 운전병이었다. 운전병은 다른 보직에 비해 대기 시간이 길었다. 그러다 보면 선임 고참들과 사회에 있었을 적 추억거리들을 이야기할 기회가 많았다. 군 입대 후 얼마 지나지 않아 나는, 내가 떠올릴 추억이 더 이상 없음을 알게 되었다.

우리는 어느 순간이 되면, 누구나 백발이 성성한 노인이 된다. 더 이상 하고 싶어도, 할 수 없는 나이가 되면, '그때 했어야 했는데'라는 생각을 하게 된다. 나는 내가 할 수 없는 나이가 되었을 때, 최소한 돌이킬 추억은 많아야 한다.

자리에 앉아서 눈만 감으면, 해외로 떠날 수 있고, TV나 소설에서 보지 못할 내용을 볼 수 있는 추억과, 기억이 필요하다. 나의 젊음은 노후를 대비하고 있다. 통장잔고를 쌓아가는 대신, 떠올릴 추억하나 쌓아가는 것이 필요하다. 언제든 눈만 감으면, 화려했던 과거를 지금 이 순간에도 만들어가고 있다.

긍정의 눈으로 선택하라

우리가 받고 있는 스트레스들은 기껏해야 사소한 티끌인 경우가 많다. 이기적인 친구들, 화풀이 하는 상사, 갑자기 걸려온 기분 나쁜 전화. 그것들이 당신의 기분을 망치고 있다면, 당신은 당신의 하루를 주체적으로 '선택'하지 못하고 있다.

우리의 하루는 그들의 기분, 말, 행동에 따라 '선택' 된다. '주체성' 없이, 결정된 선택의 결과와 책임은 당사자인 우리에게 따른다. 별거 아닌 것 같은 이 기분들은, 당신의 하루를 결정하고, 그 하루는 모여서 당신의 일생이 된다.

내가 해외에서 일할 때, 나는 상사의 눈치를 많이 봤다. 열심히 일하고, 나의 만족이나 보람보다는 그의 평가를 기다렸다. 내가 만족하는지, 보람을 느끼는지는 중요하지 않았다. 상사의 표정 하나에도 신경을 썼으며, 그가 내뱉은 숨소리에도 의미를 부여했다. 내가 처음 유학을 떠나면서 했던, '주체적인 인생 살기'라는 꿈은 잊혀 진지 오래되고, 너무나도 뻔한 인생을 살고 있었다.

나는 앞날이 유망한 직장을 그만두고 한국으로 돌아왔다. '고통'이라 함은 다시 떠올리기 싫은 추억이다. 또한 '희열'이라고 함은, 언제든 떠올리고 싶은 추억이다. 과거를 '고통'이라고 받아들였다면, 내가 일하던 곳의 상사는 일적으로 완벽한 사람이었다. 사적으로는 친형제 처럼 지내던 그와 일만 하게 되면, 나는 항상 부족한 직원이었다. 직원들이 나의 리더쉽과 능력을 높게 평가함에도 불구하고 그는 항상 더 많은 것을 바랬다.

당시 여자친구였던 내 와이프는 그 상사와 일하는 것을 '고통'이라고 표현했다. 하지만 내가 그 상사 밑에서 5년 가까이 일하면서, 꼭 나쁜 점만 있지 않았다. 나는 그와 일하며 많은 부분을 배울 수 있었다. 또한 웬만한 상황에서는 자기 컨트롤을 할 수 있는 힘도 생기고, 어지간 해서는 일이 힘들다거나, 사람 때문에 힘든 일은 없었다. 그때의 그 순간도 나에게는 소중한 추억이 되어 있다. 내가 조금만 더 일찍 알았다면 좋았던 사실들이 쌓여 갈수록, 나는 성장하고 있는 증거이다.

소위 배설물은 호텔 뷔페에서는 치워야 할 대상이 되지만, 밭에서는 취해야 할 대상이 된다. 가치관은, 내부적으로 형성되기도 하지만, 외부적으로 형성되기도 한다. 당신의 가치관을 넓히기 위해선, 코끼리를 더 섬세하게 더듬어 볼 것이 아니라, 감고 있는 눈을 떠야 한다. 나는 나의 가치관을 넓히기 위해, 지금도 더 많은 세상을 경험해 보려고 하고 있다.

'인생이 짧다.' 는 말을 매 순간 느낀다. 지금 이 순간도, 손에서 벗어난 화살처럼 빠르게 지나가버린다. 내가 쏜 화살은 뒤로 가는 법이 없다. 앞으로만 진행 되는 인생에서, 우리는 매 순간을 놓치지 말고, '긍정'의 눈으로 '선택'해 나아가야 한다.

배움의 무대를 선택하라

배고픈 침팬지를 바나나와 과자로 지능을 가진 침팬지로 훈련한 실험이 있었다. 1973년 뉴욕 콜롬비아 대학의 심리학과 교수인 허버트 테라스(Herbert Terrace)의 실험 내용이다. 그는 평범한 침팬지를 수학 문제를 풀 수 있고, 인간과 의사소통이 가능한 수준으로 훈련시켰다. 그는 침팬지가 미국식 수화를 배울 수 있는지 확인해 보기 위해서, 침팬지를 가정에서 키우게 하고, 인간 아이와 똑같이 인간의 언어를 가르치는 실험을 진행했다. 이 실험은 '프로젝트 님'이라는 이름으로 다큐멘터리로도 제작되었다.

처음에는 한 선을 지나가기만 하면 먹이가 나오는 장치를 설치했다. 얼마 후, 침팬지는 선을 넘어가면 먹이가 나온다는 사실을 깨달았다. 그 다음에는, 커다란 버튼을 누르면 먹이가 나오는 실험실로 침팬지를 옮겼다.

우연하게 버튼을 누른 침팬지는 버튼을 누르면 먹이가 나온다는 사실을 학습했다. 그렇게 비슷한 과정을 수차례 반복하며, 단계별로 학습 난이도를 높였다. 결국, 그는 간단한 수학 문제를 해결할 수 있고, 인간과 기본적인 의사소통이 가능한 천재 침팬지로 길러졌다. 그는 '안아줘, 아래, 개, 열어' 등의 수화를 익혀 사용 할 수 있었고, 상당한 수준의 소통이 가능했다.

침팬치는 천재로 태어나지 않았다. 다만, 그렇게 학습이 되었을 뿐이다. 당신이 처한 상황과 환경은 당신을 학습시킨다. 매순간 '배움'을 하고, 매 순간, '변화' 하고 있다. 그 변화의 시작은 '선택'에서부터 나온다. 만약 앞서 말한 침팬지가, 첫 실험실에서, 다음 단계로 학습하지 않았다면, 그는 결코, 인간과 의사소통을 할 수 없었을 것이다. 구구단을 3단까지만 배운 초등학생은 수능의 수학 문제를 풀 수 없다. 우리의 삶은 수능의 수학 문제 보다 훨씬 복잡하고, 다양한 사건들의 복합체이다. 더 복잡한 문제를 맞닥뜨렸을 때, 냉정하고도 차분하게 대응 하기 위해선 '배움'이라는 '선택'이 필요하다.

나는 성격이 매우 소심하다. 매 순간, 고민도 많고, 결단력도 부족했다. 나에게는 '배움'이 필요했다. 구구단 3단의 '놀이터' 안에서, 나름의 역량 껏, 복잡한 산수 문제들을 해결해 나갔었다. 그것을 해결하기 위해서 남들보다 더 큰 시간과, 노력이 필요했다는 것을 스스로 인지 하지 못했다.

소심한 성격은, 배움의 장소를 작게 만들었다. 하지만, 해외 출국이란, 단순한 선택으로, 나는 다양한 사람을 대처하는 방법과, 문화와 상황을 바라보는 시선이 생겼다. 많은 사건을 미리 겪어 볼 수록, 차분해지고 여유 있어졌다.

내가 겪은 경험과 배움은 어느 날, 좋은 상황과 맞물렸을 때, 잡아 보지 못한 기회를 줄 것이다. '당신이 어제와 같은 오늘을 살면서, 내일을 기대하는 것은 미친 짓이다'라고 말한 아인슈타인처럼, 나의 오늘은 어제로부터 학습된 결과고, 내일의 나 또한 오늘로부터 학습된 결과라는 사실을 명심해야 한다. 배움의 무대를 넓혀라. 세상은 아주 넓고 당신의 남은 날은 아직도 많다. 지금껏 나를 가르쳐 오던, 낡고 오래된 주변 환경과, 사람들로부터 벗어나, 새로운 환경과, 사람들로부터, 더 많은 '배움'을 얻고, 더 많은 추억을 만들어라. 당신의 추억은 아름다워질 것이고, 당신의 미래는 더 아름다워질 것이다.

뉴질랜드로 떠나다

코가 크고, 머리가 붉은색인 백인 아주머니가 공항으로 마중 나와 있었다. 그녀를 나의 홈스테이 맘(mom)이라고 생각하기엔, 너무나 무뚝뚝한 표정으로 우리를 바라보고 있었다. 피부는 남반구의 강렬한 태양 볕을 받아 검버섯이 많이 일어나 있었으며, 백인들이 주로 입는, 특유의 나풀거리는 가벼운 원피스를 입고 있었다.

모르긴 해도 빨리 한 건을 끝내고 집으로 돌아가 맥주 한 잔 하고 싶어하는 그런 표정이었다. 비행기에서 내리기 전, 수십 번, 수백 번을 혼자 읊어보았던, 말을 그녀에게 시도해 보았다.

"Hi, Nice to meet you."

동양인 특유의 입에서 웅얼거리는 목소리에, 내가 전한 이 짧은 인사는 공중 분해되어버렸다. 빨간 머리의 아주머니는 나의 목소리를 듣지 못한 모양이었다. 어쩌면 듣고도 모른 척하고 있을 수도 있다. 그녀가 왼손에 쥐고 있는, 꼬깃

꼬깃한 명단 리스트는, 그녀가 꽤나 오래 쥐고 있었다는 것을 알려주었다. 너덜너덜한 휴지조각처럼 부드러워져 있던 리스트를 그녀는 다시 한번 훑어 보았다. 오른쪽에는 초등학교 창의수학 시간에나 썼을 법한, 몽땅 연필 한 자루가 있었다. 손가락을 사이에 두고 몽당연필을 요리조리 놀리고 있는 모습이, 그녀의 시간이 상대적으로 천천히 가고 있음을 말하고 있었다.

얼마 지나지 않아 몇몇의 다른 한국 학생들이 출국장에서 나왔다. 그들은 한국인 유학생답게 화려하고 세련되었다. 출국장 안은 아기자기했다. 인천공항에 비하면 매우 아담해 보였다. 뉴질랜드라는 나라의 특성을 잘 보여주듯, 검소하고, 깔끔했다. 이 아담한 출국장에서, 본인이 맡게 될, 동양인 학생 몇몇을 찾아내는 것은 그녀에게 결코 어렵지 않은 일이었다. 꽤나 능숙하게 그리고, 많이 해 본 듯한 태도로, 그녀는 우리를 인솔했다.

공항의 출구를 나가자, 처음 느껴보는 밝은 빛이 눈뜨기 힘들 정도 내리쬐고 있었다. 공기는 쌀쌀하면서, 햇볕은 따가웠다. 마주한 아주머니와, 학생들 사이에, 어색한 적막감이 흘렀다. 그 적막을 먼저 깬 건, 학생들 쪽이었다. 그들은 아주머니를 향해 비장한 목소리로 말했다.

"Hi, Nice to meet you."

'쟤들도 나처럼 비행기에서 엄청나게 되뇌었겠지?'

혼자 생각해보니 웃음이 절로 나는 상황이었다. 그 뒤로도, 수 명의 학생들이 출국장에서 나왔다. 다들 어리버리 한 표정을 하고서, 꼭 한마디씩 했다.

"Hi, Nice to meet you."

선택 1 :
남다른 행보

차 안에 탄 학생들은 서로 자기 소개를 하느라 바빴다. 이국적인 창 밖 풍경이 어떻게 지나가고 있는지는 그들에게 큰 관심사가 아닌 듯했다. 창 밖에 보이는 뉴질랜드 국기는 평온한 분위기의 이 나라처럼, 가만히 내려뜨려진 채 펄럭이지 않고 있었다.

그들은 어느 학원을 등록했으며, 나이는 어떻고, 사는 곳은 어딘지의 이야기를 하며, 친분을 쌓고 있었다. 그 중 나이가 서른이 넘은, 한 여성이 자연스럽게 자신의 소개를 했다. 자신이 한국에서 학교 선생님을 하다 왔는데, 새로운 도전이 필요했다는 이야기를 이어갔다. 그녀를 보며, 어린 한국인 학생들은 멋있다는 말을 연거푸 했다.

그리고 보면, 각자 대단한 각오를 하고 이곳에서 모여 있으리라. 그녀의 목소리는 카랑카랑 했고, 똑 부러졌다. 동그란 안경이 잘 어울리는 인상에, 꼭 선생님을 해야 할 것만 같은 외모를 하고 있었다. 그녀는 친절했고, 또한 사교적이었다. 모두들 그녀의 얼굴을 보며 경청을 하느라, 정신이 없었다. 하나, 둘 자신들이 배정받은 홈스테이로 내려졌다.

"그럼 주말에, 블랙 비치에서 바비큐 구워 먹는 걸로 하자!"

똑 부러지는 그녀의 음성에 정신이 번뜩하고 고개가 돌려졌다. 성대한 파티가 그 짧은 사이에, 생겨났다. 나는 참석하지 않기로 했다.

내가 해외에서 생활하는 기간 동안, 지나고 보니, 꽤나 많은 한국인들을 만났다. 그들은 매우 친절하고, 사교적이었다. 하지만, 그때 만난 한국인들 중, 지금도 연락이 되는 한국인은 두어 명이 전부이다. 내가 유학을 '선택'한지 2년이 지났을 때, 나는 의도적으로 한국인을 피하고 지냈다.

내가 현지인만을 만나겠다고 '선택'한 이유는 단지, 영어 공부만을 위해서가 아니었다. 10년 가까이를 해외에서 지내야 하는 나에 비해서, 내가 만나게 되는 한국인들은 비자 만료가 있었다. 마음이 조금 맞고, 친해지고 나면, 얼마 지나지 않아, 그들은 한국으로 떠났다.

만남과 헤어짐이라는 반복을 수 차례 거듭하면서, 나는 한국인을 만나면, 비자 만료일을 먼저 물어보곤 했다. 덜 상처 받기 위한, 자기 보호에서 나온 습관이었다. 결국은 이 선택은 나의 영어 실력 향상에 도움을 주었다. 외로움을 달래기 위해서, 어쩔 수 없이, 현지인 친구 쪽을 택했던 나는, 빠른 속도로, 언어가 늘었다.

선택 2 :
내가 선택한 가족, 홈스테이맘

'세상에나.'

땅에 발을 딛고 앞을 보는 순간, 입이 떡 하니 벌어졌다.

비현실적인 세상이, 내 앞에 존재하고 있었다. 하늘은 끝도 없이 깊었고, 눈 앞 현실은 장난감 모형처럼 아름다웠다. 들여 마신 콧속, 차가운 공기가 폐를 지나 온 몸 구석 구석을 정화시키고 나왔다.

30년은 더 된 낡은 독일제 차량에서 검은 연기가 나온다. 깨끗한 자연경관에 대비되어, 그 검은 연기가 더 검게 보였다. 동쪽을 봐도, 서쪽을 봐도, 남쪽과 북쪽은 볼 필요도 없이, 어디를 봐도, 지상 낙원이었다. 강렬한 햇살을 아래로, 이 세상은 영화 세트장처럼 깨끗하고도 밝았다. 눈을 오래 뜨고 있으면, 눈이 아플 정도였다.

하늘은 티끌 하나 없는 맑았다, 그 티끌 없는 하늘이 이 지구 전체를 감싸고 있다는 생각이 들었다. 그늘로 가면 추웠고, 햇볕을 쬐고 있으면 금세 더워졌다. 이 나라의 여름은 그랬다. 내가 느낀 첫인상이다.

내 시선이 머문 곳은 나의 발이다. 아무리 밖을 돌아다녀도 신발 밑창이 더러워질 것 같지 않았다. 잔디는 카펫처럼 정갈하고, 거리는 청소를 해 둔 것처럼 깨끗했다. 고개를 다시 들었을 땐, 돈 한 푼 들이지 않고, 사치한 느낌이 들었다. 그곳엔 자연처럼 아름다운 집이 한 채 서 있었다.

그렇게 나의 해외 첫 인상은 충격적이었다. 최소한의 짧은 선택으로, 나의 무대는 한국 땅을 벗어나, 해외로 넓어졌다. 내가 내쉰 공기가, 내가 태어난 곳을 벗어나, 꽤나 먼 이 곳에 와서 내뱉어 진다는 사실은 매 순간 새롭고, 감사했다. 최소한 오늘만 지나고 나면, 내 일생 중 하루는 이 무대에 있었다는 기록이 생겨날 것이다. 벅차 오르는 감정이 주체 되지 않았다.

아주 깔끔하게 정돈된 2층 집. 픽업해 주시는 아주머니는 나를 그 앞에 내려주고 가셨다. 하얀 목재 재질로 만들어진 이 집은, 비교적 가벼워 보였다. 여러 세대 모여, 마당을 공유하고 차고를 공유하는 집이었다. 입구를 들어서면서부터 입 꼬리가 나도 모르게 올라갔다. 꽤나 근사한 선물을 받은 기분에 가슴 속이 뜨거웠다. 하얀 목재 재질 집, 현관문이 열린다. 삐걱 소리를 내며, 고풍스럽게 밖으로 열리면서, 마치 오래 기다렸던, 가족을 만나게 되기라도 한 듯, 그녀가 나왔다. 그녀는 얼굴 전체 근육을 사용하여 크고, 품위 있게 웃었다.

그녀는 조금 통통한 몸에, 나이가 우리 부모님 나이쯤 되어 보이는 중년의 백인이셨다. 이름은 '캐서린'이라고 하셨다. 웃음이 참으로 매력적인 분이셨다. 콧대가 매우 높고, 눈이 깊었다. 하늘거리는 파란색 원피스에 머리를 뒤로 말끔하게 묶은 캐서린 아주머니는 나를 안쪽으로 안내해 주었다. 나를 위해 천천히 또박또박 신경 써서 말해주는 배려가 돋보였다.

"Hi, Nice to meet you."

나는 이 쉬운 문장을 또 내뱉지 못했다.

집은 복층으로 된, 나무로 지은 집었다. 현관을 통해 들어가면, 왼쪽에는 삐걱거리는 계단이 있었다. 그 계단은 2층으로 연결되어 있었고, 그곳에 나의 방이 있었다. 다시 현관의 오른쪽으로 가면 넓은 거실에 소파와 TV가 배치되어 있었다.

TV 뒤쪽으로는 마당과 정원이 있었는데, 그 정원에서는 가끔 바비큐 파티를 하는지 그릴과 나무 의자, 나무 테이블이 반듯하게 놓여 있었다. 현관을 마주보고 있는 기둥 오른편에 식사용 테이블이 집의 중심을 잡아주고 있었고, 테이블 위에는 왠지 장난감처럼 생긴 새빨간 사과와, 바나나가 명화의 한 점처럼 테이블을 장식하고 있었다. 테이블 옆에는 오래된 듯한 찻장이 서 있고 그 안에는 시리얼이 종류별로 배치되어 있었다.

나의 작은 '선택'이 아니었다면, 같은 시간을 보내면서, 죽을 때까지 경험해보질 못할 순간들이었다. 내가 방구석에 앉아, 비행기표 티켓을 구매하는 '클릭'의 순간은 나를 이렇게나 바꾸어 놓았다.

집은 전반적으로 가벼워 보였다. 바닥은 양모 카펫으로 되어 있었다. 난생 처음 겪어보는 집안이 환경에 나는 어떻게 해야 할지를 몰랐다. 외국에서는 신발을 신고 방을 들어간다는 상식을 어렸을 적, 중학교 선생님께 어렴풋이 배운 기억이 났다. 캐서린 아주머니는, 신발은 현관에서 벗고 들어오길 바랬다. 그녀의 말을 따랐다.

바깥 공기와는 다르게 집 안은 은은한 나무 향이 퍼져, 기분 나쁘지 않았다. 나의 방은 2층이었는데, 계단을 올라서면 바로 앞에 샤워 실이 있었고, 오른쪽으로는 10대 중국인 아이가 살고 있었다. 더 안 쪽으로 들어가면 캐서린 아주머니의 방이 있었고, 방 안쪽에는 다시 샤워실과 화장실이 있었다.

대략의 짐 정리를 위해 방안으로 들어갔다. 문은 잠금 장치가 고장이 나 있었다. 문을 열고 들어가면, 2층 침대가 있고, 침대의 바로 옆에는 침대를 따라 기다란 창이 나 있었다. 들어가서는 부모님이 환전해 주신 뉴질랜드 현금다발부터 옷장에 숨겨 놓았다. 옷도 대충 정리해 두고, 원래 내 방이었던 것처럼, 책도 꽂아 두고, 스킨로션도 정리해 두었다.

그녀는 일찍이 남편과 이혼을 하고, 딸과 둘이 살고 있다가, 딸이 시내로 독립을 해 나가면서, 고등학생쯤 된 중국인 학생을 홈스테이로 맞이해서 함께 생활 있는 중이었다.

그 중국인 학생은 당시 10대 후반이었다. 캐서린 아주머니와 그 아이의 관계는 참으로 부럽다 싶을 만큼 모자관계 같았다. 자녀가 독립한 아주머니와, 부모와 떨어진 중국학생은 서로를 '아들(Son)', '엄마(Mom)'라고 부르며 지내고 있었다. 그들은 내가 오기 전부터 저녁식사 때마다, 학교에서 있었던 일이나, 회사에서 있었던 일들을 서로 공유해가며, 지내고 있었던 듯했다. 그리고 며칠 전부터는 새로 들어온 가족인 나를 기다리고 있었다고 했다.

선택 3 :
내가 선택한 첫 하루

비행 시간은 정말이지 길었다. 닭장 속의 닭처럼, 꽉 들어찬 좌석에 앉아, 식사를 하고, 잠을 자고를 반복했다. 좌석 앞에 부착된 스크린 화면에, 의미 없는 비행기 모양을 바라보기를 12시간이나 하니, 좀이 쑤셔 견딜 수 없었다. 길고 긴 이 비행시간을 마무리하고 오느라, 몸과 마음은 녹초가 되어 있었다. 꽤나 좋은 사람과, 좋은 환경을 소개받았지만, 나는 대충 침대에 누워 낮잠을 더 잘 참이었다. 고장 난, 방 문이 살짝 열렸다. 새로 온 한국인 아들이 궁금해 죽겠다는 표정의 아주머니가 방문을 빼 꼼이 열고는 말을 거셨다.

"If you take out the laundry, I'll clean it. Come on out when you're ready." (빨래는 꺼내어 두면, 내가 할 테니, 준비가 다 됐으면, 어서 나오너라.)

나는 대략의 눈치로 무슨 말을 하는지 알아듣고 고개를 끄덕였다. 아주머니는 새로운 아들에게 매우 친절 했다.

"Are you going to go to bed, right now?" (이제 잘거니?)

아주머니가 물어보셨다.

"I know you must be tired, but if you get some sleep right now then, you'll have trouble adjusting to jet lag"(피곤하겠지만, 지금 잠에 들면 시차적응이 힘들 거야.)

그녀는 웃으면서 말했다. 그녀의 말이 맞는 듯했다. 그분께서는 이미 내가 도착한 이 후의 일정을 모두 짜 두신 듯했다.

"We're supposed to go to 'Black Beach' today, let's sort it out and get out." (-우리 오늘, 블랙비치를 가기로 했는데, 대충 정리하고 나가자꾸나.)

그녀는 특유의 눈웃음을 하고 문을 닫았다.

옷을 갈아입고, 대충 씻고 내려 갔다. 삐걱거리는 계단을 조심하게 밟으며 1층으로 내려가자, 아주머니는 부엌에서 콧노래를 흥얼거리며 샌드위치를 만들고 있었다. 그녀의 중국인 아들은 그 옆에서, 학교에서 있었던 일을 신나게 이야기하며, 재료 정리를 돕고 있었다. 검은 선글라스를 착용한 그녀는 곧장 그녀의 친구에게 전화를 걸었다.

꽤나 오래된 자동차 같은데, 관리가 잘 되어 있던지, 내부는 깔끔해 보였다. 어느 정도 시내 권을 들어가자, 다른 차들이 보이기 시작했다.

'이렇게 내가 꿈도 꿔 본 적 없는 타지에서도, 누군 가들은 이렇게 약속들을 잡고 돌아다니고 있구나!' 생각하니, 이 세상이 넓음과, 내가 살던 세상이 얼마나 좁은지를 깨닫게 되었다.

조금 더 가고 나니 블랙 비치가 보였다. 검은 모래로 된 해변이었는데 우리는 거기서 해변을 조금 거닐다가, 도시락을 먹었다. 한창 해가 너울너울 질 즈음까지 해변에서 산책을 하고 집에 돌아왔다. 캐서린 아주머니께서는 저녁식사를 준비해 주셨다. 커다란 그릇에 스테이크 고기를 하고, 통후추와 소금 통을 테이블 위에 두었다. 고기 옆에는 브로콜리와 삶은 감자 그리고 구운 마늘이 있었다.

나는 빨리 혼자 방으로 들어가고 싶은 마음이 굴뚝같았지만, 식사가 끝나길 기다렸다. 식사가 끝나자, 그들은 아주 커다란 유리잔에 오렌지 주스를 가득 담고, 가벼운 밀가루 빵을 꺼내시더니, 보드게임을 가지고 오셨다. 보드게임은 재미있었다. 몸은 힘들고, 빨리 올라가서 쉬고 싶었지만, 아주머니와 중국학생과 같이 보드게임이 마무리될 때까지 어색하지 않은 분위기 속에 게임을 즐겼다. 밤이 되고 나서, 나는 2층 침대로 몸을 옮겼다.

2층 침대에서는 뉴질랜드의 밤하늘이 곧장 쏟아져 내릴 것처럼 가깝게 보였다. 아주 멀리 있는 별들이 눈에 힘만 주고 보면 어쩌면 다가갈 수도 있을 듯 가깝게 보였고, 하늘은 둥근 모양이라는 확신이 들만큼 크고, 넓어 보였다. 난방이 되지 않아 조금 쌀쌀한 뉴질랜드의 첫날 밤에 창밖에 있는 나뭇잎이 흔들리는 모습 하나, 하늘의 별빛이 반짝이는 모습 하나를 보며, 머릿속으로는 부모님 생각, 동생 생각, 친구 생각을 하고, 잠이 들었다.

나의 외국에서의 첫 날은 지금도 눈앞에 훤하다. 모든 것이 새로워졌다. 주변 환경도, 언어도, 인물들도, 모든 게 새로워졌다. 최소한 오래된 옷을 한 번 세탁한 느낌이 들었다. 무대가 넓어졌다. 예전의 내 모습은 한국에서의 모습 그대로였다. 무대가 넓어지면서, 내가 평생 보지 못할 것들과 느끼지 못할 것들을 느끼게 되었다. 만 스무 살. 어린 나이였지만. 너무 늦게 온 건 아닌가 생각이 들었다.

좋은 사람들을 만나는 것이 가장 중요하다

첫 외국생활은 대단한 각오로 시작했던 것 같다. 그때의 설렘과 기대, 그 느낌은 지금도 잊지 못한다. 거리를 걷거나 TV를 보거나 모든 것이 새로운 것들이었다. 나의 대화를 들어주는 상대는 지구 반대편에서 나와 인연이 있을 수 없는 이들이다. 그들이 나를 알게 된 것은, 온전한 나의 작은 선택 때문이었다. 그 곳에서 그들의 생각을 전해 받고, 내가 나고 자란 제주에서 형성된 가치관을 퍼트렸다. 나의 선택이 타인에게 영향을 주고 있었다.

해외로 나갈 때, 만발의 준비를 했다. 내가 주로 활용할 현지 커뮤니티 사이트 하나를 선택했다. 영국에 기반을 두고 있는 커뮤니티 사이트였는데 그 곳을 체크하는 일이 가장 주요했다. 한국에서 준비해 놓았던, 메모장을 통해 하나씩 하고 싶은 일들을 해 나가기 시작했다. 가장 중요한 건, 좋은 사람들을 만나는 것이었다.

커뮤니티를 통해, Jason과 John을 만났다. Jason은 아주 커다란 키에 체격이 좋고, 외모 또한 핸섬하게 잘 생긴 싱가포르 인이었다. 나이는 나와 같은 나이였기 때문에, 우리는 뉴질랜드 생활 내내, 제일 친한 친구가 되었다. 그는 한국 문화와 특히 한국 여성에 관심이 많았다. 머리도 상당히 좋고, 기본적으로 사람들에 대한 매너가 좋았다. 그의 예의 바른 성격과 긍정적인 성격 탓에, 내 인생 가장 힘든 유학 시절을 웃으면서 보낼 수 있었다.

대부분의 한국 친구들은, '외국인'을 외국인으로서 대하곤 하는데, 나는 그를 외국인 친구 중에 친한 친구로 분류하지 않는다. 그는 내 인생 제일 친한 친구 중 하나이며, 그것은 지금도 유효하다. 그가 화난 모습은 단 한번도 본 적이 없었다. 한국에 있는 친구에게 하지 못했던 고민도 털어놓게 되고, 때로는 금전적인 도움도 아낌없이 주는 친구였다. 그보다 더 중요한 건, 모든 일을 긍정적으로 바라보는 그의 마인드였다. 그의 마인드는 내 인생에 가장 좋은 영향을 끼치게 되었다.

John은 대만계 친구이다. 상당히 똑똑하고 재능이 많았다. 피아노면 피아노, 한국어면 한국어, 일본어면 일본어, 영어면 영어, 못하는 게 없었다. 나는 그의 재능을 부러워했다. 그는 채식주의자였고, 틈만 나면 나에게, 명상에 대한 강의를 했다. 우리 둘은 항상, 푸른 잔디에 가부좌를 하고, 명상하는 방법과 이론을 이야기 했다. 그 또한 매우 긍정적인 성격이었다. 내가 누군가에게 어떠한 모습으로 비춰지고 싶다는 바램이 있다면, 나는 Jason과 John과 같은 모습으로 비춰 지길 바랄 정도다.

나는 한국에 있었을 때, 불행하게도 이기적이고, 부정적인 성격이었다. 나는 내가 부정적인 사람이라는 사실 또한 인지하지 못했다. 그것이 가장 큰 불행이었다. 내 주변에 항상 머물러 있는 사람들과의 관계만 유지했다. 어떤 도전을 하게 되면, 위험을 멈추고 머무르기를 바라는 친구들 사이에서 나는 아무것도 깨닫지 못했다.

  새로운 사람 혹은 낯선 이와 이야기를 하는 것을 불편함으로 여기는 한국인 특성으로 나는 새로운 사람과 새로운 환경을 접하는 노력을 하지 않았다. 물론 주변에서도, 그것을 당연하게 여겼다. 주변 사람과, 환경이 변하지 않으니, 나를 알아차리는 것은 쉽지 않았다. 나는 아주 자연스럽게 그들과 동화되어, 하나의 흐름처럼 시간을 보내고 있을 뿐이었다.

  앞서 언급한 두 친구는, 나에게 내가 얼마나 부정적인 사람인지를 알게 해주었다. 그들은 인생을 즐기는 법을 알고 있었다. 자신이 하고 있는 일이 얼마나 힘든 지와는 무관하게 자신의 취미를 즐기고, 자신의 원칙을 갖고 있었다.

  Jason같은 경우는 지금 싱가포르 항공사에서 일하고 있다. 가끔 서울이나 제주도로 출장을 오면 지금도 만나곤 한다. 그는 '마라톤'과 '줌바'라는 춤을 좋아하는데, 마라톤 경기가 있다면, 일본 '도쿄'나, 영국 '리버풀' 할 것 없이 참가하곤 했다. 몇 년 전에는 서울에서 열리는 경기를 참가하러 서울에 왔다가, 나와 술 한잔 한 기억도 있다.

  그들은 나에게 어떠한 가르침도 주지 않았지만, 나는 그들로부터 많은 것들을 배웠다. 인생을 참되게 사는 방법을 그들은 알고 있었다. 그들은 내가 한국에서 만나보지 못한 인물들이었다. 내가 좋은 사람을 만나는 폭이, 한국에서 세계로 넓어졌다. 배울 수 있는 사람의 폭도 넓어 졌고, 대화의 스펙트럼도 넓어졌다.

  물론 한국에도 좋은 사람들이 많다. 하지만, 무대를 넓히면 좋은 사람들은 훨씬 더 많아진다. 내가 한국어만 하고 있거나, 한국에서만 살고 있다면, 내 주변에는 이런 좋은 사람들을 만나기 쉽지 않을 것이다. 내가 책을 쓰는 이유도 비슷한 이유에서이다. 내 글을 읽는 불특정 다수의 독자들 중, 내 주변 인물이 아닌, 더 많은 좋은 사람들을 '선택'하고자 하는 욕심으로부터 나온 일이다.

내가 Jason 그리고 John과 친해졌을 때, 나는 이런 좋은 친구들이 세상에 많이 알려져야 한다고 생각했다. 그리고 나의 주변 한국 사람들에게 소개시켜주고 싶었다. 하지만 내가 이 친구들을 한국 친구들에게 소개해 줄 때마다, 한국인들이 접근법은 조금 달랐다.

"외국인 친구? 소개해주면 좋지, 영어 공부도 하고."

한국 친구들은 그들과의 만남에 목적을 갖고 있었다. 한국 친구들은 Jason과 John에게 진지한 고민을 털어 놓거나, 감정을 공유하지 않았다. 그들은 자신들의 진짜 친구들과 별개로, Jason과 John을 단순한 외국인인 친구로 분류하고 있었다.

나에게 영어는 소통하는 수단일 뿐이었다. 지금도 영어 시험을 쳐본 적이 없다. 내가 영어를 공부한 이유가 다른 한국인들과 다르기 때문이다. 나에게 '토익'이나, '토플' 따위는 필요가 없다. 내가 영어를 공부한 이유는 취업을 위해서도 아니고, 스펙을 쌓기 위해서도 아니다.

나는 전세계에 있는 좋은 사람들로부터 좋은 영향을 많이 받고, 많은 문화와, 상황을 접해 보고 싶어서 영어를 공부할 것을 선택했다. 큰 무대에서 좋은 기회를 얻기 위해 언어를 도구로 사용할 뿐이었다. 혹, 당신의 영어 공부의 목적이, 면접 관의 마음에 들기 위해서인가 생각해 볼 필요가 있다. 언어와 나이라는 장벽으로 좋은 사람을 얻는데 많은 제약이 생겼다. 우리가 최소한 언어라는 장벽 하나만 없애도, 아주 커다란 좋은 인맥들을 얻어 갈 수 있다.

언어공부를 선택한 이유는 무엇인가?

23살, '영어는 이 정도면 됐어!' 하찮은 영어 실력에도 대략적인 만족을 하고, 어이없이도 일본어 공부에 도전했다. 건방지게도 영어와 일본어, 한국어라는 3개국어라는 타이틀이 너무 탐이 났던 것이다. 최초 언어 공부의 목적을 망각하고, 그저 타이틀에 목숨 걸기 시작했다.

내 나이 23살, 남들보다 빨리 3개 국어를 시작하고 있다는 사실에 도취했다. 시골에서 자란 탓에 기껏 해봐야 영어를 겨우 공부하던 친구들 사이에서, 나는 가장 앞서 나가고 있다고 착각했다. 그 자만심은 근거 없는 우월감이 되어버렸다.

그 와중에 내가 초심을 되찾은 경험이 있다. 내가 살던 아파트는 중국인 사장이 운영하는 아파트로 꽤나 고층으로 된 아파트였다. 중국인들은 자신들과 같은 국적인 사람들에게는 터무니없이 싼 가격으로 방을 내어줬다. 그리고는 외국인들에게는 비싼 가격을 받았다. 그래서 중국인 사장이 하는 곳은 항상 중국인 직원과 손님이 상대적으로 많았다. 어찌됐건 내가 사는 아파트도 중국사장이 운영하고 있었다. 중국인 비즈니스의 특성답게, 매니저도 중국인, 아르바이트생도 중국인이었다.

어느 날, 아파트 매니저(중국인)과 싸우는 한 여성을 보았다. 여성은 서른이 넘어 보였는데, 키가 작고, 검고 긴 머리를 뒤로 묶고 다녔다. 언뜻 굉장히 말라 보였는데, 그녀의 입에서는 유창한 중국어가 흘러나오고 있었다. 그녀는 아파트 매니저와 급여 문제로 싸우는 듯했다. 얼핏 보기에, 서로 심하지 않게 적당한 욕을 하면서, 상대의 감정을 자극하는 것 같아 보였다.

아파트 매니저가, 뭐라고 소리를 쳐 대면, 여성도, 질 수 없다는 듯, 침을 튀겨가며, 큰소리로 받아 쳤다. 오고 가는 중국어는 알아들을 수 없었다. 다만, 너무 빨라서 얼핏 듣고 있노라면, 중국 힙합 음악을 듣는 것 같았다. 싸움은 쉽게 끝나지 않았다. 내가 집에 올라갔다가, 지갑을 챙기고, 편의점에서 물건을 사고 집으로 올라가는 길에도, 그 둘은 험상 궂은 표정으로 싸우고 있었다. 수 십 분 동안, 지칠 기세도 없었다.

다음 날이었다. Jason을 만나기 위해 집을 나섰다. 엘리베이터를 타고 내려올 때, 그녀가 보였다. 리셉션 안쪽으로 들어가 청소도구를 정리하고 있었다.

'그만 두는 줄 알았는데 아직도 일을 하고 있나 보네?'

그 날은 Jason과 점심 식사를 하면서, 그녀의 이야기를 했다.

"There is a Chinese part-timer in my apartment. I saw her arguing with her manager yesterday. But she doesn't quit. She's so strong" (우리 아파트에 중국인 아르바이트생이 있는데, 매니저랑 그렇게 심하게 싸우고도, 그만두지 않고 있더라. 독하더라)

그러자 Jason은 말했다.

"How would you know she's Chinese?"(중국인인 건 어떻게 알아?)

나는 대답했다.

"Hey, I'll tell you when I see it!"(에이~딱 보면 알지. 그걸 몰라?)

저녁 식사를 마치고, 나는 아파트 현관을 들어왔다. 날이 저물어 하늘은 어두워졌다. 일을 마치고 돌아오는 사람들과 학교를 마치고 돌아오는 학생들이 줄을 지어 아파트 안으로 들어오기 시작했다. 나보다 앞서 가던 백인 남성 엘리베이터 앞에 서며, 황당한 듯 웃었다.

'거참! 실 없는 사람 다 봤네.'

나는 그렇게 생각했다 그리고, 그의 얼굴을 쳐다보았다. 그는 나를 한번 쳐다보더니, 눈썹 하나를 찡긋 올리며, 계단으로 올라갔다. 나도 곧 그와 같이 엘리베이터 앞에 섰다. 그곳에는 '고장'이라는 표시가 있었다. 내 집은 12층, 까마득하였다. 헛웃음이 나왔다. 오른쪽을 쳐다보자, 백인 부부가 걸어오고 있었다. 나도 그들을 보고 눈썹 하나를 찡긋하고 계단을 올라갔다.

1층. 2층. 3층.

얼마나 올라갔을까, 다리가 후들거렸고, 숨이 가빠졌다. 땀이 뻘뻘 났다. 턱까지 차오르는 숨을 진정시키느라, 차가운 벽에 등을 기대고 섰다. 저 멀리서, 전화통화 소리가 들렸다. 젊은 일본 여성의 음성이었다.

전화 음성이 들려오는 곳으로 고개를 들었다. 거기에는 어제 중국인 매니저와 싸우고 있었던, 여성이 있었다. 그녀는 계단 청소를 하고 있었는데 양손에 하얀 면장갑을 끼고서, 껌을 떼고 있었다. 한 손에는 오래된 검은색 핸드폰이 들려 있었고, 그것으로 누군가와 통화를 하고 있었다.

당시에는 한창 일본어에 자신감이 차 있을 때였다. '내가 이 정도는 알아들을 수 있지.' 하면서, 그녀의 옆을 지나며, 귀를 쫑긋 세웠다. 그녀의 억양이며, 발음은 완벽한 일본인이었다. 내 주변에도 일본인이 많아서, 적어도, 일본어를 공부한 외국인인지, 일본인인지 정도는 구분할 수 있었다. 그녀는 일본인 남자 친구가 있는 듯했다

'일본인이었다니!' 어제 봤던 그녀의 유창한 중국어 실력이 믿기지 않았다.'

황당했다. 중국어를 잘하는 일본인이었단 말인가? 다시 생각해도 황당했다. 다음 날 나는 Jason에게 그날 있었던 일을 이야기했다. Jason은 다시 나에게 물었다.

"Are you sure she's Japanese this time?"(일본인 인건 확실해?')

나는 대답했다.

"I'm very sure, she must be Japanese, I have studied Japanese at the moment, I could recognize her accent."(그럼, 내가 요즘 일본어 공부하고 있어서 알아. 확실한 일본인이라니까?')

내가 확신을 한지 얼마 지나지 않아서였다. 나는 평소처럼 학교를 갔다. Assignment(과제) 때문에 교수와 해야 할 말이 있다고, 리셉션에 말하던 참이었다. 나는 그녀를 학교에서 다시 만났다. 그녀의 주변에는 한국인 친구들이 있었다. 그녀는 한국인 친구와 한국어로 대화를 하고 있었다. '한국어를 잘하는 일본인일까? 중국인일까? 아니다. 저것은 분명한 한국인이다'.

정체를 알 수 없는 그녀를 멍하게 바라보다, 더 황당한 걸 보았다. 그녀는 자신이 제출한 Assignment(숙제)의 점수가 부당하다는 식의 항의와, 지난 수업에 관련한 질문을 백인 교수에게 했다. 그녀는 교포였단 말인가?

우리 아파트, 청소부는 아주 능통한 4개 국어를 했다. 물론 그가 갖고 있던 직업은 당시 학생으로써 가졌던 아르바이트였을 것이다. 하지만, 분명한 것은,

그녀는 아주 능통한 4개국어를 하고 있었고, 중국인이 아니고서는 취업하기 쉽지 않던, 중국 아파트에서 좋은 조건으로 일을 했으며, 일본인 남자친구를 사귀고 있었다. 전공 공부도 영어로 할 수 있었다. 게다가 한국인 친구들도 꽤 나 많이 사귀었다. 혹시 당신의 영어 공부의 목적이, 숫자로 표현되는 시험의 점수를 받기 위해서만 인가? 언어는 그 이상의 역할을 해야한다. 지금이라도, 언어 공부의 진짜 목적을 찾아야할 것이다.

나는 아직도 그녀가 한국인인지, 중국인인지, 뉴질랜드인인지 아니면 일본 인인지 모른다. 하지만 그녀는 최소한 선택의 폭은 남들에 비해서 넓다는 것은 확실했다. 대게 많은 한국 학생들이, 영어를 못해서, 현지에서 제대로 된 대우 를 못 받으면서도, 말 한마디 못하고 당하는 경우가 많다. 최소한 그녀는 자신 을 방어할 수 있는 힘을 얻게 되었다.

당신의 능력을 절대 과대평가하지 마라. 그렇다고 자신의 무지도 절대 과소 평가 하지 마라. 그 쓰임이 평생 단 한번의 쓰임이라 하더라도, 아까워하지 마 라. 어쩌면, 능력은 더 좋은 기회를 기다리고 있는 중일 지도 모른다.

명마를 갖고 있다고, 반드시 매 순간을 달려야 하는 건 아니다. 때에 따라서 는 가만히 서서 내 이야기를 들어주는 친구가 될 수도 있고, 가끔은, 짐을 들어 주는 좋은 짐꾼으로 쓰일 수도 있다. 명마는 아주 중요한 순간에만 빠르게 달 려 나가기만 하면 된다.

나이를 생각하지 마라
그저 시작을 선택하라

우리에게 나이는 의미가 있다. 생각보다 많은 사람들이 공부는 학생 때만 해야 한다고 생각한다. 일정 이상의 나이가 되면, 모두가 손을 놓는다. 마치 어느 레벨에 어떤 퀘스트를 깨면서 진행하는 온라인 게임처럼, 우리는 획일화된 삶을 살아간다.

나이가 들면, 시작하는 것보다는 유지하는 것에 에너지를 쏟는다. 어쩌면 유지하는데 너무나도 많은 에너지가 들기 때문에, 시작하지 못하는 것 일 수도 있다.

가만 생각해보자면, 유지하려고 하는 것들이 얼마나 사소한 것인지 깨달을 때가 있다. 하지만 그때는 나이가 걸린다. 그리고 시작하지 못한다. 그리고 시간이 흐르고, 다시 같은 깨달음을 얻는다. 그때가 되면, 처음 깨달았을 때가 얼마나 젊었었는지를 다시 알게 된다.

내가 가장 좋아하는 말 중에 'Don't be serious.' 라는 말이 있다. 세상 별일을 다 벌리면서 살다 보니, 생각보다는 별일이 일어나지 않는다는 것을 깨달았다. 우리는 별일 아닌 것들에 대해 심각하게 생각한다. 생각해보면, 인생은 가볍고 무겁고의 것이 아니다. 그저 살아가는 것이다. 우리는 지금 이 순간도 죽음을 향해 쉬지 않고 달려가고 있다. 어차피, 죽어질 거라면, 모든걸 가볍게 보는 건 어떨까?

다시 주제로 돌아와서, '우리에게 나이란 과연, 시작의 걸림돌이 되는 것은 분명한가?'의 이야기를 해 보고자 한다. 나이에 관련해서는, 내가 영어 강사 시절, 했던 재미난 역사 이야기가 하나 있다. 그것을 조금 해보려한다. 약간은 오래 된, 원나라 말기의 역사 이야기다.

원나라 말기, 어느 가난한 부부에게서 아이가 하나 태어났다. 그 아이는 부부의 여덟 번째 아이였다. 부부의 삶은 단순했다. 목구멍이 포도청이라, 아기 이름 짓는데, 신경 쓸 겨를이 없었는지, 그들의 아들에게 '중팔'이라는 이름을 붙여 주었다.

찢어지게 가난한 집에서 태어난 '중팔'이가 태어나던 시기는, 역병과, 흉년으로 많은 사람들이 길거리에서 아사하던 시기였다. 가난이라고 표현은 했지만, 실질적으로 그들은 거지라고 보는 편이 맞을 것이다.

그의 나이 17살, '중팔'는 가난으로 부모와 형제를 잃었다. 형과 그는 볍씨 몇 알을 서로 양보하며 겨우 생명을 이어가고 있을 때였다. 그는 항상 함께하던 형이 아사하는 것을 눈으로 목격한다. 가난이라는 것에 증오심이 생길만한 사건이었다. 이 사건으로 '중팔'은 부모, 형제도 없는 떠돌이 거지가 된다. 얼마나 가난했던지, 부모 장례를 치를 돈이 없어, 마을 사람들끼리 장례를 도와 겨우 장례를 치를 정도였다고 한다.

그의 나이 20살, 이래 죽으나 저래 죽으나 죽기는 매 한가지라는 생각을 한 그는 산속에 있는 한 절로 들어간다. 스스로 중이 되기로 마음 먹고 그 절의 막내로써, 갖은 핍박을 받으며 생활한다. 그의 중 생활은, 몸이 힘든 것 말고는 나쁠 것이 없었다. 적어도 굶을 일은 없었다. 그러한 사소한 행복을 가지고 살아가던 어느 날 이었다.

그의 나이 28살, 삶이 여유가 찾아 올 수도 있겠다는 안도감이 들었다. 그러나, 사건이 일어났다. 그가 머물던 절에, 홍건적이 들이 닥친 것이었다. 홍건적은 '중팔'이 생활하던 절을 약탈해 가며, 그가 갖고 있는 마지막 희망 마저 앗아가 버렸다. 그는 자포자기한 심정이었다. 화가 머리끝까지 났다. 뚜벅 뚜벅 걸어간 '중팔'은 홍건적의 대장에게 따져 묻는다. 이래 죽으나, 저래 죽으나, 매 한가지라고 생각한 그는, 속시원하게 따질 말이 있었다.

"당신은 누구요? 그리고 무엇이오? 내가 무엇을 갖고 있다 생각하여, 찾아온 것이오?"

홍건적의 대장은 황당한 웃음을 지었다. 젊은 중의 용기가 가상했다. 그리고 말했다.

"겁을 상실한 중놈이로구나!"

'중팔'이의 대담함에 놀란 홍건적 대장은 그의 호탕한 성격에 반했고, 그를 자신 딸과 결혼시켜, 사위로 삼았다. 그리고 그 후, 그에게 경호 대장이라는 직책을 내려준다.

그의 나이 30세, 그는 어떨 결에, 홍건적의 경호대장이 되었다. 비록, 도적이었지만, 그에게 맡겨진 임무를 충실히 수행하며 지냈다. 더 이상 배 굶는 일도 없었고, 가난의 서러움을 느낄 필요도 없었다. 하지만, 자신의 과거를 보는 듯하여 자신의 부하들에게 따뜻하게 대했다. 서서히 그를 따르는 부하가 많아지게 되었다. 어느 날은 그는 중국의 한 마을을 점령하게 된다. 그 곳은 자신이 어렸을 때, 자라던 동네처럼 가난하고, 힘없는 이들이 사는 마을이었다.

그는 자신의 어렸을 시절이 생각이 났다. 자신이 관리하게 된 마을에서, 일체의 약탈을 금지하라는 명을 내린다. 오히려 곡식을 푸는 등의 일도 하게 된다.

그의 나이 35살, 그는 사람들의 인심을 얻게 된다. 부하와 백성의 따르기 시작했고, 그에 힘입어 중국의 한 성을 점령하게 된다. 점점 그의 세력이 확장되어, 군사의 기초도 다지게 된다.

그의 나이 40살, 서서히 영향력을 넓혀가던 그는 마침내, 망조의 원나라를 무너트리고, 중국을 재통일하게 된다. 그리고 나라 이름을 '명'이라 칭하고, 스스로를 황제의 자리에 오른다.

'명태조 주원장'의 일화이다. 인류 역사의 흐름에 가장 큰 영향을 끼친 일인을 뽑으라고 한다면, 항상 거론되는 명태조 이야기다. 그는 17세 거지, 20세 중, 35세 도적 우두머리, 40대에 중국의 황제가 되었다. 그는 서른 가까이까지, 중으로 살다가, 40대가 되고 나서, 중국의 황제가 되었다. 당신이 무슨 일을 계획하고 있던, 그것은 중국의 황제가 되는 일보다는 쉽지 않겠는가?

30세라는 나이까지 중으로서 생활을 하던 주원장이 황제의 자리에 올라갈 때 했던 것들은 작은 '선택' 연속일 뿐이었다. 그는 황제가 되려는 꿈을 꾸지도, 황제가 되기 위해 노력하지도 않았다. 그가 나이라는 벽을 넘지 못했다면, 그의 인생은 산 속에 중으로서 마감했을 것이다. 선택은 나이를 초월하여, 결과를 가져다 준다. 나이가 찬다는 것은 실제로 인생의 걸림돌이 되지 않는다. 다만, 하지 않을 유용한 핑계거리가 되어준다.

지금 편안하다면,
당신은 내리막길을 선택한 것이다

나도 한때는 시간의 흐름에 따라 나의 인생을 맡겼던 적이 있다. 그것이 더 안전해 보였고, 불필요한 위험을 감수하는 것은, 왠지 무모해 보이기도 했다. 내가 살던 세상은, 큰 사건 사고 없이, 무난한 세상이었다. 굳이 모험을 할 필요도 없었고, 더 나아질 필요도 없었다. 현상 유지만 하더라도 꽤나 괜찮을 인생이라고 생각 할 수도 있었다.

많지 않은 나이를 살면서 내가 느낀 것이 하나 있다. 생각보다, 세상의 파동은 크다는 사실이다. 별거 아닌 것 같은 세상도, 느린 것 같지만, 아주 빠르게 변화되어 온다. 예전에 내가 꼴 보기 싫어했던 사람은 어디서 무얼 하고 있는지 감도 잡히지 않고, 해외에서 평생 살 것 같은 나는, 고향으로 내려와있다. 인생은 생각보다 역동적이다. 가만히 있으려고 해도, 그 스스로 변하고 있다.

세상의 흐름을 믿는 건, '선택'의 권한을 남에게 양도하는 행위이다. 그 결과의 책임은 고스란히, 스스로가 짊어질 것이다.

앞서 언급한 원나라 이야기에 이어 이번은 청나라의 이야기를 하나 해 보고 자 한다. 그는 청나라의 12번째 황제로, 즉위식을 올렸다. 3살이 되자마자 즉위 식을 올린, 청나라 황제 '선통제'의 이야기다. 그는 청이라고 하는 커다란 나라 를 통제하기에, 지나치게 어렸다. 많은 사람들이 생각하는 것 보다, 청나라의 영토는 광활했다. 그 영토를 통제함에 있어서 신하들은 어린 황제를 걱정했다. 그가 6살이 되었을 때, 평온한 궐 안과는 다르게, 궐 밖에서는 혁명이 일어났 다. 그리고 그 갑작스러운 혁명으로, 그는 중국의 마지막 황제가 되어 버렸다.

평범한 황제의 삶을 살던 그는, 그 사건 이후 그는 평범한 중국이 시민 되었 다. 그가 궁궐에서 쫓겨 나고 얼마 있지 않아, 일본은 만주 전쟁을 일으켰다. 일 본은 만주 지방에 괴뢰정부를 세우고, 그를 만주국의 초대 황제로 추대했다. 그는 청나라 마지막 황제이자, 만주국 초대 황제가 되었다. '황제로 태어나, 시 민으로, 그리고 다시 황제로' 그는 역사의 흐름에 따라, 파란만장한 삶을 산다.

1945년, 일본이 전쟁에서 패망하고, 그는 새로운 혁명 군에 의해 세워진 정 권에 잡혀, 10년을 복역하게 된다. 1945년 8월 17일 소련군에 전범으로 체포된 그는 하바롭스크에 억류되었다가 1959년 12월 4일 모택동의 특별사면령으로 풀려난다. 밖으로 나오게 된, 그는 베이징의 식물원에서 정원사로 일하다가, 1967년 신장암으로 사망한다.

중국의 마지막 황제 '푸이'의 일화이다.

아무리 자리에 머물러 있는 것이 안전해 보인다 하더라도, 그 자리는 청나라 황제와 같은 자리는 아니다. 우리는 시간의 흐름에 자신의 운명을 맡겨 두어서 는 안 된다. 조금 더 능동적으로 대처할 필요가 있다. 세상은 어떻게 변해갈지 모르고, 우리는 항상 그것에 준비를 하고 살아야 한다

선택은 시간과, 세상의 흐름에서 도태되지 않고, 유연함을 가져다 준다.

Chapter 2

유학생활,
젊은이의 가난은 부끄러운 것이 아니다

선택장애를 극복하는 법!

'아! 또 3번이랑 5번이 헷갈리네.'

시험을 치르다 보면 우리는 가끔 어려운 문제를 마주할 때가 있다. 문제가 아무리 어려운 문제라 하더라도 풀만한 문제가 있고, 어차피 모르는 문제란 걸 알면서, 골똘하게 고민해 보다가 찍는 문제도 있다. 우리는 이렇게 고민해 보다가 찍는 문제들로 인해 다른 문제를 풀 시간을 빼앗기곤 한다. 그리고 엉터리 성적표를 다시 받아 든다.

사실 이런 경험이 나 혼자만의 기억이라고 생각되진 않는다. 헷갈리는 두 개의 보기를 발견할 때, 우리는 그 문제에 대해 골똘하게 고민하게 된다. 그리고 고민 후 찍은 문제는 어김없이 틀린다는 것을 발견하게 되었을 땐, 그것이 그냥 재수가 없었다고 치부해버린다. 물론, 골똘히 고민해서 맞추는 정답도 있다. 하지만 그 문제를 고민하느라, 뒤에 쉬운 문제를 풀 기회를 놓쳤다는 것을 깨닫지 못한다. 모든 것은 기회비용에 관련되어 있다. 애매한 하나를 맞추기 위해, 쉬운 문제 여럿을 틀리는 것은 결코 현명한 선택이 아니다. 같은 실수를 학창시절부터 반복해오며, 우리는 학창시절부터 시작하여 사회생활을 하기까지 이러한 내용을 제대로 인지하지 못한다. 이제 그 간단한 이론을 다시 한번 상기해보자. 골똘하게 고민하고 찍으나, 그냥 찍으나, 당신이 정답을 맞힐 확률이 크게 달라지지 않는다.

당신이 골똘히 고민하여 그 문제를 맞힌다 하더라도, 그것은 때로는 좋지 못한 결과를 불러일으키기도 한다. 우리의 인생은 비슷한 문제가 반복적으로 형태만 바뀌 나오는 기출문제의 연속이다. 찍은 문제가 맞지 않았다는 사실은 사실 감사해야 하는 일이다. 만약 그 문제를 맞혀 버렸다면, 다음 번, 더 큰 시험에서 우리는 그 문제를 다시 마주해야 할 것이다.

우리가 흔히 성공한 사람들이라고 부르는 사람들은 모두 실패를 바라보는 시선이 비슷했다. 에디슨은 '실패가 아니라 성공하지 않는 방법을 알아내는데 성공했다.'는 표현을 사용했다. 실패인가, 성공인가는 결과에 이르러서야 할 수 있는 말이다. 우리가 실패라고 결론지어버리는 순간, 그 일련의 과정들은 더 이상 진행하지 않는 결과로 종결되어 버린다. 실패가 아니라, 성공으로 가는 과정이라고 확신해보자.

비슷한 고민을 하고 있는 사람들이 많을 것이라고 생각한다. 우리는 자장면을 먹을지, 짬뽕을 먹을지 상당히 깊게 고민을 한다. 별거 아닌 것 같은, 이런 간단한 문제도 사실은 모두 우리의 인생에 포함되어 있는 선택의 문제들이다. 내가 과거에 선택하는 일을 두려워했던 이유는, 나의 결정에 대해 책임을 지고 싶지 않았기 때문이었다.

다시 말해서 선택장애란 선택에 불만족스러운 결과가 나왔을 때 그 책임을 외부로 돌리고 싶은 무의식에서 나오는 것이다. 그리고 그것은 항상 '망설임'을 동반한다. 당신에게도 이런 단점이 있는가? 일본에서 가장 부자로 알려진 소프트뱅크 손정의 회장은 마윈의 알리바바의 사업 설명을 듣고, 단 6분만에 200억이라는 돈을 투자했다. 결과적으로 그의 선택은 옳았지만, 그의 일대를 보면, 그의 선택은 항상 옳지만은 않았다. 이처럼, 매우 빠르고 정확한 결단력이 있는 사람들은 생각보다 결정하는데 오랜 고민을 하지 않는다. 그리고 그들이 내린 선택도 항상 옳다고 할 수는 없다. 하지만 그들은 자신의 선택에 만족해한다. 그렇다면 어떻게 그들은 항상 만족할 만한 선택을 할 수 있을까?

내가 고등학교 시절, 나는 축구에 소질이 없었다. 항상 수비 포지션을 맡고 있던 나에게, 축구 란 공이 나에게 오면, 멀리 걷어내는 노동일뿐이었다. 반면, 나의 가장 친한 친구 한 녀석은, 축구를 매우 잘했다. 그 녀석이 공을 차면, 정확하게 그가 원하는 곳으로 공이 떨어지곤 했다. 나는 그 능력이 참으로 신기했다. 프로 선수도 아닌 그가 어떻게, 자신이 원하는 곳으로 패스를 할 수 있었을까? 나는 그 친구에게 물어봤다.

"어떻게 하면, 그렇게 정확하게, 네가 보내고 싶은 공을 차는 거냐?" 라고 내가 묻자 친구 녀석은 답했다.

"차고 싶은 곳에 차는 게 아니야. 아무 데나, 차고 나서, 공을 받은 친구한테, 패스를 잘했다고, 내색할 뿐이야."

그랬다. 다시 보니, 그 친구는 일단 공을 차고, 그 결과를 만족해했다. 이 방법은 참으로 유용했다. 자장면을 먹을지, 짬뽕을 먹을지는 아무거나 선택을 한다. 그리고, '역시 맛있네. 내 선택은 탁월했어'라고 매우 만족해버리면 된다. 이것은, 훈련이 되는 행위이다. 우리의 뇌는 거짓말과, 진실을 구별하지 못한다. 그래서, 가짜 웃음도, 진짜와 똑같은 효과가 있다

아주 좋은 선택이란 없다. 선택의 결과가 만족이냐, 불만족이냐, 만 있을 뿐

이다. 우리가 어떠한 선택을 하건, 결과에 만족할 수 있는 마인드 컨트롤만 할 수 있다면, 우리는 무슨 선택을 해도, 탁월한 선택이 된다. 그 친구의 그 심심한 조언 덕분에, 나는 지금도 생각 없이 선택한다. 선택은 생각 없이 하고, 어떤 결과가 나오던, 매우 만족한다고 자기최면을 건다. 이것은 내가 삶을 다양하게 살 수 있는 원동력이 되었다.

천리를 가더라도,
첫 걸음이라는 선택이 필요하다

일찍이 노자는 이런 이야기를 한 적이 있다.

'천 리 길도 한 걸음부터.'

당신이 얼마나 대단한 여정을 떠나던, 얼마나 먼 여행을 떠나던 그것은 중요하지 않다. 당신이 얼마나 대단한 결정을 하던 간, 당신이 해야 할 첫 번째 행동은 한 걸음을 내딛는 일이고, 그 다음 일은, 두 번째 걸음을 내딛는 행동일 뿐이다. 당신 머릿속에 있는, 그 머나먼 목적지와 험난한 여정에 덜컥 겁부터 내지 마라. 생각보다 대단한 일은, 작은 일의 연속에서 발생할 뿐이다. 모든 일을 할 때, 남들이 해보지 못하는 일을 하는 방법이 있다. 그것은 바로 '시작'을 하는 것이다. '시작'이라고 함은 복잡하고, 과중한 일들 중에서, 쉽고 작은 일을 그 첫 번째 업무로 정하는 것이다. 그 두 번째, 업무는 첫 번째 업무 후에 발생한 일의 뒤처리를 하는 것이다. 내가 얻은 이러한 진리로, 나는 아무 생각 없이, 아무 고민 없이, 나 홀로 비행기 티켓을 덜컥 끊어버렸다. 일단 지금 바로 저지를 수 있는 행위 하나를 저질러라! 그러면 그 다음은 알아서 진행된다.

선택은 한 번만 하라
선택 후에는 행동만 하라

"성격이 소심하다. 내성적이다. 낯가림이 있다. 돈이 없다. 학벌이 없다. 시간적 여유가 없다."

또 무슨 변명을 갖다 붙여볼까? 이것이 고작 당신이 하지 못하는 이유들인가? 나는 꽤나 성공한 사람이다. 건방지다고 생각하는가? 그렇다면, 당신이 생각하고 있는 '성공'이라는 단어가 얼마나 세속적인지를 의심해 봐야 한다. 내가 '성공했다.' 라고 말을 하는 순간, 반짝반짝, 독일 제 고급 승용차에, 수 천만 원을 호가하는 스위스 시계를 차고, 이탈리아 수제 양복을 입은 자산가를 떠올렸다면, 당신은 이 책의 표지를 잽싸게 덮어 두어도 좋다.

다시 말하지만, 나는 꽤나 성공한 사람이다. 매년 하고 싶은 일 리스트의 90% 이상을 달성한다. 물론 달성해야 할 리스트는 크게 대단한 것이 없다. 그래서 성공하기 쉽다.

나는 매주 달력에 해야 할 일과 하고 싶은 일 등을 새롭게 정리한다. 그리고 그것을 행할 때마다 하나씩 지워 나간다. 나의 성공은 그런 것이다. 어차피 죽을 때까지 다 써보지도 못할 돈을 모아두느라, 인생을 허비하는 삶이 아니라, 이곳 저곳에서, 내가 하고자 하는 일들을 해보는 인생을 살아보는 것. 커다란 자산가이거나, 고연봉이거나, 바라는 목표를 남이 세운 기준에 맞추는 것은 나의 '주체적인 삶'이라는 꿈과 동떨어져 있다.

우리는 돈이라는 것에 목숨을 걸기 전, 떠올려 봐야 할 것이 있다. 좋은 옷, 좋은 음식, 값비싼 장난감 등을 소유하기 위해 우리가 인생에서 포기해야 하는 것들은 무엇인가? 편안하고 안정된, 그리고 확실한 미래가 보장된 그런 삶을 꿈꾼다면, 우리는 닭장 안에 갇혀 있는 닭과도 같은 삶을 살고 있는 것이다. 그럴듯한 보금자리와, 안정된 삶에 '자유'라는 선택지를 애써 포기해버리는 것. 내가 생각하는 실패란 그런 것이다.

'해야 하나? 말아야 하나?'

두 자아가 싸움을 벌이기 시작한다. 이 싸움이 본격적으로 시작하기도 전, 모든 생각을 멈추고, 단 하나의 행동에만 집중을 한다.

'방으로 간다. 컴퓨터를 켠다. 인터넷을 키고, 비행기표를 끊는다.'

오롯하게 내가 하는 단일의 행위에만 집중을 한다. 생각은 행동 이전에 끝내고, 생각이 끝나면, 행동에만 집중한다. 첫 번째 선택이 끝나면, 해야 할 것은 단순한 것들뿐이다. 그저, 방으로 가는 행위를 아주 잘하면 그만이고, 컴퓨터를 켜는 행위를 매우 정확하게 하면 그만이다.

상황이 저질러지면, 항상 그 다음은, 그 다음 상황이 해결해준다. 일단 내가 하고 싶은 일이나, 해야 할 리스트가 배정이 되면, 나는 더 이상 할까 말까를 고민하지 않는다. 그저 그날 해야 할 리스트대로 움직일 뿐이다.

선택, 대담하고 단순하게 저질러라

해외에서 며칠을 생활하고 나니, 이 멋진 해외 생활도, 일상이 되어버렸다. 어제가 오늘과 같고, 오늘과 내일이 같을 것이 뻔하게 보였다. 역시나 공간을 옮긴다고, 드라마틱 한 미래가 펼쳐지지 않았다. 나는 그대로 나였고, 내가 달라지지 않고서는 세상 또한 변하지 않았다.

조금 더 다른 세상이 펼쳐졌으면 했다. 어제도 오늘도, 똑같이 어학원에서 아침 인사하며, 끝날 때는 삼겹살 파티를 어디서 하는지가 중요한 다른 한국 학생들처럼 되고 싶지 않았다. 그들은 그럴 수 있다 해도, 나는 그럴 수 없었다.

세련된 강화유리로 지어진 건물들과 유럽풍 건물들이 삐죽 삐죽 서 있는 맑은 도심의 하늘은 햇살이 구석구석 들어차서 아름다워 보였다. 그 어디에도 그 늘진 곳을 찾긴 힘들어 보이는 도시였다. 내가 다닌 어학원은 끝에 위치해 있었다. 시설은 매우 깨끗했다. 내가 다닐 즈음은, 브라질 유학원과 이 어학원 사이에 프로모션이 진행됐다고 들었다. 그러한 이유로 브라질 인들이 상당히 많이 학원을 다니고 있었다.

얼핏 보자면, 현지인들과 어울려 대학 강의를 듣는 듯한 착각이 든다. 특히 브라질인들 중에서도, 백인들이 많이 다니고 있는 학원이라, 얼핏 사진을 찍으면, 무언가 제대로 된 유학을 하고 있는 것처럼, 보인다. 하지만 그들 또한 우리와 영어실력이 크게 다르지 않았다.

어떤 한 친구가 말을 걸어왔다. 웬만한 현지인들의 이야기는 거의 이해하는 수준까지 왔는데도, 그 친구의 말은 잘 들리지 않았다. 내가 몇 번을 못 알아듣자, 그 친구는 화를 내면서 나를 타박했다. 그 친구에게 나는 글로 한번 써보라고 했다. 그 친구가 썼던 영어 표현은 지금도 기억이 난다.

'Maked.'

그는 우리나라에서도 중학생 정도면 쉽게 알고 있는 make의 과거형을 maked라고 썼다. 다시 보니, 이런 영어 투성이였다. 하지만 그들은 당당하게 자신이 하고 싶은 말들은 나름 유창하게 표현했다. 그들은 현지인들과 전혀 어색하지 않게 지냈다.

그들의 표정이나 제스처 또한 매우 풍부했다. 그런 그들과 대화를 하면, 말도 너무 빠르고, 많이 해서 주눅이 들 때가 항상 있었다. 나는 어학원에서 영어에 대한 갈증을 해소할 수 없다는 사실을 깨달았다.

학원에서는 인터넷 서핑을 하기 위한 PC를 제공해주었다. 나는 그 PC에 앉아, 이 근처에 있는 대학교에서, 한국어를 전공, 혹은 부전공 수업이 있는지를 확인했다. 꽤나 많은 교수진과 부교수 진의 정보가 나왔다.

"I am Korean."으로 시작하는 짧고도 엉망진창의 영어였다. 결론적으로는 영어를 공부하고 싶고, 언어 교환을 할, 친구를 소개해 준다면, 최선을 다해서, 한국어를 가르치겠다는 내용의 메일을 보냈다. 내 메일이 그렇게 보내지고, 수 시간 후, 답장이 도착했다. 글을 쓴 이는 이 대학의 부교수였던 것으로 기억한다. 대략적인 내용은 대충 이렇다.

'나는 네가 누구인지 모른다. 그렇기 때문에, 이러한 사건을 발단으로 하여 문제가 일어나기를 원치 않는다. 학교의 학칙에도 위반되는 내용이다. 하지만, 너의 이러한 뻔뻔한 접근을 신뢰한다. 이렇게 접근해 오는 한국 학생은 지금껏 한 명도 없었다. 얼굴 한번 본 적 없는 너를 믿으며, 나의 제자 수 십 명에게 너의 연락처와 이름을 공유했다. 부디 서로 좋은 관계가 되어 나의 결정이 틀리지 않았음을 증명하라.'

그렇게 수 십 명의 친구들을 돌아가면서 만났다. 부교수는 상당히 감각 있는 사람이었다. 내가 남자인 것을 감안해서, 여자아이들 위주로 연락을 보내왔다. 그때는 수 십 명의 여자아이들이 나와 언어 교환을 하기 위해 연락해 왔다. 영어도 매우 빠른 속도로 늘었다.

점심을 두 번 먹고, 다시 저녁을 또 두 번 먹는 날도 많았다. 같은 영화를 두 번이나 보러 가기도 했다. 의외로 많은 한국 학생들이 현지 친구를 만나기 위해 고군분투를 하면서도, 한국어를 배우고 싶어 하는 학생들은 한국 학생을 만나기 어려워하는 눈치였다.

나의 한국어 과외는 꽤나 인기가 좋았다. 보통 나와 한국어를 공부한 친구는 다른 친구를 데리고 왔다. 항상 두세 명의 아이들과 함께 언어 교환을 하며, 이러한 만남은 1년 이상 지속되었다. 다양한 국적의 친구들을 만났다. 홍콩, 뉴질랜드, 호주, 미국, 캐나다, 독일, 프랑스, 영국, 중국, 대만, 말레이시아 국적을 나열하자면 끝도 없다. 나는 그들에게 영어만 배운 것이 아니라, 그들의 문화와 사고방식도 함께 배웠다.

내 인생의 전성기라고 불릴 수 있는 시기였다.

'돈', 가난을 선택하다

유학을 하게 되면, 배고픈 유학 생활을 하고 싶다고 아는 형에게 이야기한 적이 있었다. 그것은 낭만적인 삶의 기억이 될 것이라고 확신했다. 내가 꿈꾸던 유학 생활은 그리하여, 말 그대로의 배고픈 유학 생활이 되었다. 혹자는 말할 것이다. '배고픔'이라는 단어가 상징적인 의미일 것이라고, 하지만 나는 말할 수 있다.

"배고픔'은 '배고픔'입니다."라고

근 1년간은 집에서 학비로 용돈을 보내 주셨다. 남들과 비슷한 처지가 아니면서, 가끔은 남들과 비슷하지 않은 처지라는걸, 순간 잊고 살았다. 만 1년이 지나고, 더 이상 집에 손을 벌려서는 안 된다는 사실을 깨닫게 되었다.

유학을 결정한지, 만 1년 이후, 지옥의 문이 열리기 시작했다. 학비와 생활비를 모두 벌어서 생활해야 했다. 생활보다는 생존이라는 말이 더 어울릴 법한,

시기를 보내게 되었다. 누가 뭐라고 해도 내 인생 가장 치열한 시기였다. 당시에 어학연수를 마무리 짓고 정규 유학을 시작하기로 마음을 먹었다. 교육제도가 자유로운 국가이다보니, 입학과 편입이라는 제도를 잘만 이용하자면, 오히려 해외에서 대학을 다니는 편이, 비용이나 시간 면에서 이득이라고 생각했다. 내가 해외에서 지켜본 한국의 대학생들은 3학년이 되면 대부분, 휴학을 결정하고, 워킹홀리데이나, 어학연수로 해외를 나와 1년을 지냈다. 그리고 성에 차지 않는 언어 경험을 앉고 돌아갔다. 나는 생각했다. 영어를 따로 공부할 것이 아니라, 전공을 영어로 공부하자. 또한 물론 쉽진 않지만, 이 영국식 교육제도를 이용하여, 나름 명문의 해외종합대학을 2년 안에 조기 졸업 할 수 있는 길도 찾았다.

이러한 여러가지 이유들로, 나는 해외종합대학을 조기 졸업하기로 결정했다. 과정은 어렵지만, 어찌됐건 방법은 간단했다. 호주에 있는 종합대학에서 요구하는 일부 학점을 디플로마(level 6)로 이수하고, 학점교환을 하면, 3학년으로 편입이 된다. 영연방 대학교는 종합대학교가 3년제이다. 통상 디플로마(level6) 학위를 수료하는데는 2년에서 어학연수까지 포함해 길게는 3년정도가 소요가 된다. 나는 이 부분을 1년에 끝내기로 마음 먹었다. 그리고 실제로 1년 1개월 만에 이 과정을 끝냈다. 그 과정에는 배고픔과, 힘듦이 존재했다.

돈이 없어 바게트 빵에 물과 간장으로 배를 채우는 날도 있었고, 맨밥에 라면 수프를 뿌려 먹거나, 그냥 밥에 간장만 비벼서 먹는 일도 허다했다. 어떻게 하면, 값싸게 배불리 먹을 수 있는지가 다음 학기 시험문제보다 어려웠다.

하지만 한 순간도, 나의 가난이 부끄러워 본 적이 없었다. 내가 사용하던 수첩의 첫 페이지에는 이런 문구가 적혀 있었다.

'젊은이의 가난은 부끄러운 것이 아니다.'

가끔 나가서 일당을 벌게 되면, 마트에서 장을 볼 때 3불짜리 스팸과, 참치를 잔뜩 샀다. 그리고 그것을 옷장 속, 책상 서랍 혹은 안 쓰는 가방 주머니 등에 숨겨 두었다. 그렇게 숨겨 놓는 이유는 어떤 사건으로 비롯되었다.

어느 날, 주말이었다. 그날은 일도 없었고, 약속도 없었고, 수업도 없었다. 완전하게 집에서 생활해야 하는 날이었다. 내 기억으로, 내가 가지고 있는 돈은 1불. 그것에 전부였다. 이대로 침대에 누워 있을 수 없다는 생각을 했다. 갑자기 벌떡 하고 일어나, 미친 듯이 온 집을 뒤졌다. 집을 뒤지다 보니, 입어 본 지 꽤나 오래된 옷에서, 1불 자리가 나왔다.

혹시 어렸을 나와 비슷한 경험이 있던 적이 있는지 모르겠다. 나 같은 경우엔 어렸을 적, 장롱 속에 있던 바지 주머니에서, 수년 전 받았던 세뱃돈을 찾은 경험이 있다. 그날 기뻤던 기쁨을 다시 한번 느낄 수 있었다. 무언가, 더 나올 것 같았다.

사람은 역시, '없다'라는 사실을 알게 되는 것보다는 '있을 수도 있다'라는 거짓에 희망을 갖게 되는 법인 것 같다. 수 시간을 예정에도 없는 대청소를 시작했다. 그렇게 찾은 돈은 5불이었다. 내가 갖고 있던 1불과 합쳐서 6불, 나는 이 동전들을 가지고 대형 마트로 갔다. 대략 계란과 스팸을 사고 집에 돌아왔다.

그 일이 있고 나서, 비슷한 상황이 몇 번을 발생했다. 그때마다, 나는 '없다.'라는 사실보다 '있을 수도 있다'라는 희망에 배팅을 했다. 돈이 생길 때마다, 스팸과 참치 등을 사 놓고, 이곳 저곳에 숨겨 두었다. 장롱 위, 그리고 밑. 배가 매우 고픈 날은 집안 청소를 하다가, 우연하게 통조림 한 캔이 나오면, 매우 뛸 듯 기뻤다.

낮에는 학교가고, 밤에는 아르바이트를 하고, 잠을 3시간도 자지 못하던, 지옥 같은 유학생활이 마무리 될 어느 날이었다. 이력서를 출력할 돈이 없어, 땅에 떨어진 동전을 줍기 위해, 땅만 보고 하루 종일 돌아다니기도 했다.

그러다 운이 좋게 동전을 주우면, 피시방으로 달려가 이력서를 출력하고 제안하러 다녔다. 정말 치열한 2년이었다.

나의 '배고픈 시절'은 말 그대로, '배고픈 시절'이었다. 밤에는 클럽에서 일하고, 아침에는 아파트와 정원정리를 했다. 학교 수업을 마치면, Grammar school 청소와 전단지 돌리기 아르바이트를 했다. 녹초가 된 몸을 이끌고 집으로 돌아오면, 수업을 녹음했던, 녹음기를 키고, 내용을 엉망으로 받아 적으며 공부했다. 전공이 기계공학이던, Jason을 불러서, 회계학과 마케팅의 Assignment를 도움 받기도 했다. 일과, 공부를 병행하는 것은 참으로 쉽지 않았다. 항상 해가 뜨고 나면 잠에 드는 생활이 1년을 넘게 하다보니, 밤에 잠을 자는 것이 소원일 정도였다. 하지만 나는 내가 열심히 살고 있다는 생각에 뿌듯했다.

내가 돈을 벌고 있으면서, 가난한 것이 아니라. 공부를 하고 있는 와중에 가난한 것이기 때문에 부끄러울 것이 없었다. 항상 당당했고, 떳떳했다. 오히려 자부심 가득했었다.

그러던 어느 날이었다. 나의 수중에 총 50불의 돈이 들려 있었다. 나는 깊은 고민이 생겼다. 이것을 그냥 장을 보면 일주일을 버티기는 애매하겠단 생각이 들자, 그에 대한 해답을 군 시절 동기 녀석이 했던 말에서 찾았다.

'돈이 생기면, 가난한 사람은 어디 쓸지를 고민하고, 부자는 이걸로 어떻게 돈을 불릴지를 고민한다.' 그 생각이 들자, 맞는 말 같았다. 나도 머리를 싸매고 생각했다.

'무언가 내가 갖고 있는 50불로 100불을 만들 방법은 없을까?'

그것은 비즈니스적 사고가 아니라, 생존의 절실함이었다. 공부는 둘째 치고, '생존이 먼저'가 되었다. 방구석에 쪼그려 앉아, 묘안을 짰다. 아무리 생각해도,

방법이 없었다. 어른들이 하던 말에 딱, 공감하던 시기였다.

'어디 돈 나올 구석 없나?' 방구석이 좁긴 했다. 방 안을 휙 하고 둘러보다 어느 한 곳에, 시선이 멈춰졌다.

'저거다! 5불 주고 산, 밥통!'

이 밥통은 5불에 샀지만, 시세를 알아보니, 어느 누군가는 40불에 사기도 했다. 내가 35불을 제안하자, 그는 오히려 기뻐하기도 했다.

"그것을 이용하자!"

나는 일단 내가 갖고 있는 밥통을 35불에 판다고 글을 올렸다. 얼마 지나지 않아, 젊은 남성이 연락이 왔다. 말끔하게 생긴 남성은 어학연수를 온 지 며칠 되지 않은 듯했다. 온 지 얼마 되지 않아, 준비가 부족했는지, 급하게 이것저것 물품을 사느라 정신이 없어 보였다.

그 중에서 가장 필수품인 밥통을 사기 위해 인터넷을 뒤지다 나의 밥통 공고를 보고 만나기로 한 것이다. 에누리 조금 해주고 25불에 팔았다. 외국에 살면 이런 경우는 흔하다. 외국에 나와서 급하게 물건을 구매해야 하는 사람들.

나는 그들에게 틀림없이, 저렴한 가격으로 밥통을 팔았다. 그들과 나 모두 행복한 결말이었다. 그리고 밥통을 판 돈을 가지고, 다시 5불짜리 밥통을 수소문했다. 운이 좋으면, 귀국 세일이나 귀국 정리(해외에서, 한국으로 돌아갈 때, 급하게 정리하느라, 그냥 주거나 싸게 정리하는 것)를 만나면, 어떤 날은 10불로도 5개씩 구매할 수도 있었다. 꽤나 좋은 마진이었다. 2불에 사고, 30불에 파는 일을 반복했다. 파는 사람도 만족하고, 사는 사람도 만족하고, 중간 유통자인 나도 만족하는 비즈니스였다.

밥통 비즈니스는 나에게 꽤나 쏠쏠한 이윤을 주었다. 참 희한하게도, 많은 한국인들이 영어 공부를 위해 외국을 떠나면서, 중고 거래는 한국인들끼리만

했다. 나는 한국인들과, 현지인들의 중고 물품 시세 차이가 크다는 사실을 알았다. 이 밥통 비즈니스로 나라에서 주는 합법적인 아르바이트 가능 시간에 일하는 것보다, 더 쏠쏠한 수익을 봤다.

잘되면, 한 주에 500불을 벌기도 했다. 웬만한 직장인 급여를 상회하는 급여를 벌기도 했다. 많은 유학생들과, 학생들이, 취업과, 아르바이트로만 돈을 벌려고 했다. 조금만 더 유연하게 생각해 본다면, 꼭 급여를 받는다는 고정관념을 깰 필요가 있었다.

스티킹 포인트라는 말이 있다. 웨이트 트레이닝을 할 때 쓰는 말이다. 이는 바벨을 가슴 위에서부터 머리 위로 밀어 올리는 도중에 갑자기 힘이 약해지는 지점을 말한다. 프레스나, 스쿼트 뿐만 거의 모든 운동에 스티킹 포인트가 있다. 힘이 떨어져 도저히 바벨을 들 수 없을 때, 그 포인트를 넘어서 계속 운동을 하게 되면, 근력이 도저히 소화할 수 있는 한계점에 다다른다. 그때부터 우리의 근섬유에는 상처가 발생한다. 그 찢어진 근섬유 사이로, 보충된 단백질이 채워지면서, 우리의 근육은 비로소 성장한다. 가난은 나에게 스티킹 포인트와 같은 역할을 해 주었다. 상처가 생길수록 더욱 성장했다.

1960년 로마올림픽 라이트 헤비급에서 금메달을 딴 뒤 프로로 전향해, 헤비급 사상 처음으로 세 차례나 세계 챔피언 타이틀을 차지한 미국의 복싱 선수, 무함마드 알리는 하루에 몇 개의 윗몸 일으키기를 하느냐는 질문을 받고 대답했다.

"나는 윗몸 일으키기 개수를 세지 않습니다."

어리둥절해 하는 사람들에게 알리는 이렇게 덧붙였다.

"아프기 시작한 다음부터 만 셉니다. 그때가 진짜 운동이니까요.." 그렇다. 가난을 극복한 것은 내가 스티킹 포인트를 극복해 낸 것과 같았다. 정말, 갑자기 그만두고 돌아가고 싶을때, 포기할 수 없었던 이유는 나의 의지가 아니라, 돌아갈 비행기표 값이 수중에 없었기 때문이다. 하지만 이러한 가난을 극복하고 나니, 나에게는 새로운 배움이라는 장이 열렸다. 후에 싱가포르 수출이나 부모님 농산물을 판매할 때도, 이러한 경험은 상당한 도움을 주었다. 고난을 겪고 나서, 그것을 해결하고 나면, 우리는 성장하게 된다. 지금 이 문턱만 넘어가면 된다. 넘지 못한 문턱은 걸림돌이 되지만, 넘어선 문턱은 디딤돌로 변하게 된다. 이것이, 앞서 설명했던, 같은 사물을 보는 두 개의 시선이다.

힘든 추억에서도 배움을 선택하라

내가 클럽에서 일하게 되면서, 많은 친구가 생겼다. 그 중 바텐더 하나가 있었는데, 그의 이름은 Rain이라고 했다. 그는 말레이시아 사람이었는데, 굉장히 사교적이고, 성격이 밝았다. 동양인 특유의 말투는 있었지만, 사고방식은 틀림 없이 현지인과 동화되고 있었다. 그는 나에게 물었다.

'정원관리를 해야 하는데, 밤에 일을 하는 사람이라, 정원 관리가 쉽지가 않다.'라고.

그리고 정원관리를 잘 하지 않는다면, 나라에 벌금도 내야 한다고 말했다. 자기가 100불을 줄 테니, 정원을 관리해 줄 친구하나 구해줄 수 있겠냐고 했다.

"I'll do it!!"(내가 할께!!)

나는 가장 친한 동생과 50불씩 나누기로 했다. 그리고 매주 월요일마다 정원을 관리하기 시작했다. 처음 몇 번은 괜찮았다. 열심히 일을 하고 나면, 기분도 좋고, 정원도 깨끗해지고 나면, 50불도 생겼다.

내 친한 동생 녀석도 참 만족스러워하는 눈치였다. 친한 동생과 함께 정원을 가꾸니, 시간도 잘 갔고, 재미도 있었다. 당연하게, 그 동생 녀석은 나만큼이나 가난했다. 두 가난한 유학생은 정원의 풀을 잔디 깎이 하나 없이 손으로 뽑으며 관리했다. 꽤나 괜찮은 비즈니스였다. 돌을 옮기면서, 고되게 일했다. 하지만 이 일은 하면 할수록 매력적인 일이었다.

'우리 이거 비즈니스로 키우면 어떨까?'

물론 실행에 옮기진 못했지만, 깊은 고민도 했었다.

어느 날이었다. 수중에는 아예 돈이 없었고, 그 녀석은 5불을 들고 있었다. 우리는 정원 정리를 하러 가야만 했다. 하지만 그 녀석의 5불로는 정원까지 갈 수는 있었지만, 돌아올 수는 없었다. 묘안이 떠올랐다.

일단 가기만 한다면, 일당을 바로 지급해주니, 그 일당인 50불로 돌아오는 차비를 하면 된다는 묘안이었다. 우리 둘은 바보같이 서로를 바라보며 웃었다. 참으로 명쾌한 혜안이었다. 서로의 아이디어를 칭찬하며 우리는 버스를 탔다. 그리고 그 녀석의 전 재산인 5불을 냈다. 정원 관리를 위해 Rain의 집으로 향했다.

얼마나 지났을까 고개를 들어보니, 내가 막 잠에서 깨었다는 사실을 알게 되었다. 동생 녀석은 아직도 자고 있었다. 창 밖은 낯선 풍경. 아찔했다. 한참을 지나 온 것 같았다. 나는 녀석을 깨웠다. 녀석은 상황 파악이 되지 않는 눈치였다. 우리는 일단 아무 정류장에서나 내렸다. 일도 하지 못하였다. 수중에는 10센트 짜리 동전 하나 없다. 뉴질랜드는 사방이 다 비슷하게 생긴 마을이 많았다. 동서남북도 몰랐다. 그 녀석은 그 녀석 성격대로, 그곳이 어느 곳인지 파악하느라 애를 쓰고 있었다. 나는 나의 성격대로 진행했다.

'그냥 걷자. 걷다 보면 어딘가 나온다.'

우리는 그렇게 4~5시간을 걷고, 겨우 집으로 돌아왔다. 나는 싱가포르에 수출을 성사했을 때도, 서울에서 잠시 머무를 때도, 유학을 했을 때도, 항상 걸었다. 내 두 다리를 이용해서 그 마을 이곳, 저곳을 걷다보면, 처음에는 많은 생각이 든다. 대게는 잡생각이나 고민인 경우가 많다. 주변을 보면, 내가 앞으로 죽을 때까지 다시 보지못할, 광경들이 펼쳐지는데, 그것들을 살펴보는 재미도 쏠쏠 했다. 그러다 어느 임계치에 도달하게 되면, 아무 생각도 들지 않고, 그저 걷는 행위만 깨닫게 되는 시점이 생긴다. 나는 그것을 명상의 효과와 비슷하다고 생각했다. 그래서 상당히 걷는 것을 좋아하곤 했다. 이유야어찌 됐건, 참 바보 같은 추억이다.

정원관리라고 함은 참으로 의미 있는 일이었다. 물론 흙을 만지며 일을 하다보면, 가끔 이런 생각이 들때도 있다. '이 고통에 비해 내가 받는 일당은 턱없이 부족한데? 하지만, 내가 그때마다 느꼈던 것은 돈이란, 견딤의 대가로 받는 것이 아니라, 기쁨을 준 대가로 받는 것이란 사실이다. 돈을 버는 행위가 욕심을 부리는 행위라고 생각하지 않는다.

욕심이라고 하는 것은, 덜 주고 많이 받는 것을 욕심이라고 한다. 페이스북의 창업자 마크 주커버거는 말했다.

"We didn't make the service for making some money, we created the profits for developing better services."(우리는 돈을 벌고자 서비스를 제공하는 게 아닙니다. 더 낫은 서비스를 위해서 수익을 내는 거죠.)

나는 그의 말에 백 번은 공감한다.

그리고 그 실수 이후에도, 우리는 계속해서 일을 진행했다. 그리고 유학을 마칠 때까지, 나쁘지 않은 고정 수입을 얻었다.

긍정적인 사고로
긍정적인 결과를 선택하라

'컵에 물이 반이나 들었네? 들어본 적이 있는가? 같은 상황을 두고, 누구는 '컵에 물이 반밖에 없잖아!!' 하고 불평하고, 누군가는 '컵에 물이 반이나 들었네?'하고 상황을 바라본다고 한다. 긍정적인 생각의 중요성을 말할 때, 자주 사용하는 표현이다.

호주 동북쪽 남태평양에 수 천 년 전, 한 산호초가 있었다. 계절에 따라 이동하는 바다 철새들은 넓은 남태평양을 이동하다, 이 산호초에 앉아, 휴식도 하며 배설물을 남기고 지나갔다. 우리의 일반적인 시선으로, 새의 배설물이 쌓인 산호초는 불쾌하고, 더러운 대상이다. 이런 배설물과, 산호초가 합쳐져, 오랜 시간을 거치며, '인광석'이라는 광석이 되었다. 울릉도의 30% 정도, 여의도의 2.5배 면적을 갖고 있는 '나우루'라는 나라의 이야기다. '인광석'은 '인산 염'을 함유한 광석으로, 그 가치가 어마어마했고, 세계 각지의 비료 회사들은 이 광석을 사들이기 시작했다.

이 나라는 수 천 년간, 새들이 남기고 간, 이 더러운 흔적들을 비즈니스에 이용했다. 힘들이지 않고, 영토만 파서, 수출하니, 나우루 공화국은 엄청난 돈을 벌어들이게 된다. 1980년대 인구 9,000명도 안 되는 이 소국의 1인당 국민소득은 무려 2만 달러에 육박하게 된다. 당시 미국의 1인당 국민소득이 1만 2천 달러 수준이었던 것을 감안하자면, 얼마나 이들이 큰 부를 축적할 수 있었는지 짐작할 수가 있다.

이들은 전면 무상교육과, 해외 유학, 의료비 지원을 하고, 매년 생활비 명목으로 전 국민들에게 1억 원 가량을 지급할 정도였다고 한다. 그러던 어느 날, 1990년대가 들어서면서, 인광석 채굴량이 급격하게 감소하며, 1980년대 2만 달러였던 국민소득이, 2,500달러인 10분의 1 수준으로 곤두박질 처지게 되었다.

이 작은 섬의 이야기는 많은 사람들이 알고 있다. 사람들은 이 이야기를 자원에 관련하여만 연관 시키려고 하지만, 나는 이 이야기를 들을 때마다, '인생지사 새옹지마'라는 말이 떠오른다. 인생의 길흉화복은 변화가 많아서 예측하기 어렵다는 말로도 사용하고, 길과 흉이 순환한다는 말로도 해석이 된다.

나는 '긍정'이라는 단어를 참 좋아한다. 나의 좋은 친구들은 모두 긍정적인 사람들이었다. 만일, 돈키호테의 세상처럼, 내가 사는 세상인 전부 착각이라고 하더라도, 내가 행복하다면, 그 착각에서 벗어나고 싶지 않다. 남들이 보기에 부정적이라하더라도, 긍정으로 믿고 살아간다면, 그것이 행복한 삶이다.

살다보면 긍정적인 생각을 하려고 노력하다가도 어쩔 수 없이, 안 좋은 상황은 한 번씩 일어나기 마련이다. 그때는 앞서 언급한, '인생지사 새옹지마'라는 말을 다시 떠올리게 된다. 한 번은 내 제일 친한 친구가 해준 이야기가 있다. 이 것은 예전에 중국 〈회남자〉의 '인간훈'에 나오는 말이다.

노인이 기르던 말이, 오랑캐의 땅으로 달아나면서, 노인이 낙심을 하게 된다. 그 후 달아났던 말이 준마를 한 필 끌고 와서, 훌륭한 말을 얻게 되었지만, 아들이 그 준마를 타다가 떨어지며 다리가 부러진다. 다시 노인은 낙심을 한다. 하지만 그로 인하여, 아들이 전쟁에 끌려가지 않고 죽음을 면한다는 이야기에서 유래한 '새옹지마'라는 말이다.

앞서 설명한 나우루 공화국은 '새옹지마'라는 말이 딱 어울리는 나라이다. 나쁜 이야기는 나쁘다는 것으로 끝나지 않고, 좋은 이야기는 좋다는 것으로 끝나지 않는다. 하지만 우리가 나쁜 사건이 생겼을 때, 그것의 좋은 면을 보려고 하고, 좋은 일이 생겼을 때, 이제 닥쳐올 불운에 대비를 한다면, 조금 더 현명하게 자신의 감정의 휩쓸리지 않고, 인생을 대할 수 있을 것이다.

2011년, 한국에서 산 노트북이 고장 나서, 새로운 노트북을 사야 했다. 그때만 하더라도, Ram이 어떻고, 사양이 어떻고 이런 이야기들은 외계 언어로 들렸다. 전자제품을 파는 매장을 들어가니, 검은색 유니폼을 입은 인도인이 말을 걸었다.

"Do you need any help, sir?" (뭐 도와드릴까요?)

"No, fine, I'm just having look around." (괜찮아요, 그냥 구경 중이에요)

컴퓨터는 다 비슷하게 생겼다. 검은색 색상에, 내가 중요하게 본 건, 화면이 크냐, 그것이 전부였다.

그러다 찾은 일본제 컴퓨터였는데 화면이 꽤나 컸는데도, 가격은 340불 밖에 안 했다. 말이 되는가? 내가 지난번 한국에서 구매한 컴퓨터도 100만 원이 넘었었는데, 고작 30만 원이라니.

머릿속으로 대충 계산기를 두들겨 보니, 이건 너무 남는 장사였다. 사지 않을 이유가 없었다. 나는 집으로 돌아가는 길, 며칠 끼니를 굶을 각오를 하고, 그 일본제 노트북을 질렀다. 사용한 첫날, 너무 만족했다. 내가 원하는 모든 것이 다 괜찮게 돌아갔다. 인터넷도 됐고, 동영상도 볼 수 있었다.

대만에 유학 간 친구와 채팅도 가능했고, 가끔은 화상채팅과 음성 채팅도 했다. 그렇게 만족하며 지내던 어느 날, 문득 이상한 느낌이 들었다.

'웅~웅~웅' 내 책상이 사정없이 진동하고 있는데, 그 출처가 어디일까?

그 출처를 향해, 핸드폰이며, 책이며, 모두 뒤집어엎어봐도, 알 수가 없었다. 마지막으로 내가 사용하던 노트북을 들어 올렸다. 손에서 돌아가는 소리는 마치 선풍기 팬 같았다.

'웅~웅~웅.'

그날 이후로 더 심해졌다. 어떤 날은 컴퓨터 소리 때문에, 영상의 소리가 안 들릴 정도였다. 이어폰을 꽂고 듣지 않으면, 웬만한 영상은 보기 힘들 정도의 소음이 이어졌다. 참으로 답답한 노릇이었다. 점점 노트북에 대한 불만이 쌓여갔다. 괜히 340불을 날린 듯한 기분이 들었다.

그러던 몇 달이 지났다. 노트북은 최초 며칠 만에 심하게 실망시켰지만, 그 뒤로는 더 이상 실망시키지 않았다. 노트북 성능이 좋아진 것이 아니라, 내가 노트북 성능에 적응하게 된 뒤부터는 크게 불편하지도 않았다.

달이 지나고, 겨울이 왔다. 해외의 겨울은 한국보다 기온이 내려가진 않지만, 훨씬 추웠다. 난방에 큰돈을 들이지 않는 편이기도 했고, 난방 시설도 거의 없었다. 라디에이터를 켜면, 그 주변만 데워졌고, 라디에이터에 수건을 넣어두면, 공기가 습해져, 온 방에 눅눅해졌다.

온열기를 틀면, 피부가 빨개지고, 곧 불이 날 것 같이 냄새가 나고, 오래 틀면 연기가 나는 경우도 있었다. 참으로 문제였다. 어떻게 하면, 따뜻한 해외살이를 할 수 있을까? 고민이 되었다. 답을 찾으려고, 노트북을 켰다.

'웅~웅~웅' 이 놈의 노트북 커다란 소리를 냈다. 하지만 온열기보단 소리가 작았다. 나는 이 고물 노트북 녀석을 보며 혼잣말을 했다.

"어라? 이 녀석 보게?"

녀석은 온열기보다 적은 소음을 내며 따뜻한 공기를 만들어 냈다. 그리고 연결되어 있는 선에 달린 어댑터는 아담한 손 난로만큼 따뜻했다. 나는 이 고물 노트북 녀석 때문에 따뜻한 겨울을 보낼 수 있었다. 매번 고장이 나는 온열기 값을 340불짜리 고물 노트북은 벌어다 준 셈이다.

그렇다. 그 노트북은, 처음부터, 잘못 만들어진 것이 아니라, 온열기 겸용으로 만들어졌던 것이다. 최소한 나에게는 말이다. 물론 여름에는 고역이었던 건 사실이지만, 최소 1년에 반년은 제 역할을 해주던 좋은 녀석이었다.

우리가 어떻게 생각하느냐에 따라, 소득이 줄어들기도 하고, 늘어나기도 한다. 꼭 필요한 100만원짜리 물품을 사야 하는데, 나만의 노하우와 발품 팔고 80만 원에 구매할 수 있다면, 그것은 20만 원의 소득이라고 봐도 무방하다. 다른 소득 처에서 20만 원을 벌고 100만 원짜리를 구매하는 것과 별반 다를 것이 없다.

어떻게 얼마나 버느냐 도 중요하지만, 얼마나 현명하게 소비하느냐 도 꽤나 중요하다. 모든 상황은 유연하다. 긍정적으로 상황을 바라보면, 긍정적인 일들이 생겨난다. 예전 대한민국에서 가장 부자로 알려졌던 정주영 회장이, 한번은 자동차 운전을 하고 가다가, 졸음 운전을 하게 되어 차를 탄 채로, 물에 빠진 일이 있다고 한다. 보통의 사람은 그런 경우에, 죽을 뻔한 기억을 다시 떠올리고 싶지 않은 트라우마로 갖고 있을 것이다. 정주영 회장은 물에서 겨우 헤엄쳐 나와 이렇게 말했고 한다. "물이 참 시원하구만!"

나쁜 기억도 좋은 기억이 될 수 있다

에피소드1

내 옆방에는 말레이시아에서 온 사람이 살았다. 나보다 나이가 한두 살 정도 많았는데, 성격이 굉장히 예민하고, 까칠했다. 사실 혼자 살아야 하는 방에 주인 몰래 친구를 데리고 와서 같이 살던 녀석이었다.

그는 검은 피부에, 눈은 크고, 머리가 곱슬거리는 외형을 하고 있었다. 그 녀석을 볼 일은 많이 없었다. 내가 유학이며, 일이며, 정신없는 시기에 함께 살던 플랫 메이트라 솔직히 말하면, 이름도 기억에 나질 않는다.

우리 집 구조는, 부엌과 화장실, 샤워실을 공유하고, 각자 방을 나눠 쓰는 구조였다. 나와 그의 방을 나눈 건, 바로 얇은 판이었다. 방음이라고는 전혀 되어 있지 않았다. 자칫, 실수로 잘못 짚으면, 벽이 와르르 무너질 것 같았다. 나는 일주일에 5일은 항상 바쁘게 살았다. 그러기 때문에 나의 방은 항상 비어 있었고, 냉장고 또한 그 녀석 혼자 쓰는 것이나 다름없었다.

가끔 내가 쉬는 날이 돼서, 방에서 쉴 때가 되면, 이 녀석은 내가 갖고 있는, 온열기 기능이 있는 노트북(?)의 소음 듣자마자, 벽을 '쿵', '쿵' 쳤다.

내가 그 녀석과 공유하고 있는 공간 중, 제일 답답한 것은 냉장고였다. 웬만한 병원에 비치되어있는 작디작은, 굳이 길이를 말하자면, 무릎 높이도 오지 않는 음료수용 냉장고 하나가 하나 있었다. 원칙적으로는 둘이 나눠 써야 했지만, 실질적으로는, 그 녀석은 아파트 매니저 몰래, 친구와 함께 살고 있었기 때문에, 그 녀석 친구까지 셋이서 써야 했다. 더 답답한 건 냉동실이었다. 냉동실은 두꺼운 영어 사전이 겨우 들어갈 만큼의 크기였다. 그 와중에 서리가 잔뜩 끼어 있어 자칫하면 그냥 얼음을 얼리기도 쉽지 않아 보였다.

나는 음식을 잘 해먹지 못했다. 그래서 냉장고에는 항상 그 녀석들 음식이 가득했다. 내가 냉장고에 넣곤 하던 건, 고작 해 봐야, 우유나 주스 정도였다. 그러던 어느 날, 아주 저렴한 가격에 아이스크림을 하나 구매했다. 일주일을 고생한 나를 위한, 선물이라는 아주 거창한 이름을 붙이고는, 나는 그 아이스크림을 먹을 것을 학수고대했다.

지금 당장 먹기에는 너무 피곤했다. 일단 잠을 자고, 내일 아침에 먹어야겠다는 생각을 했다. 바로 냉동실에 넣기로 했다. 서리가 잔뜩 끼어있는 냉동실 안은 텅 비어 있었다. 아니 빌 수밖에 없었다. 겨우 서리를 정리하고 나니, 아이스크림을 겨우 넣을 수 있는 공간이 생겼다. 나는 아이스크림을 냉동실에 겨우 우겨 집어넣고, 매우 뿌듯한 마음으로, 잠에 들었다.

다음 날 아침, 그렇게 설레일 수가 없었다. 커다란 아이스크림을 껴 앉고서 영화를 볼 생각을 하니, 흥이 저절로 났다. 콧노래를 부르며, 부엌으로 다가가 냉장고 문을 열었다.

"아뿔싸! 이 녀석들!!"

내 아이스크림이 있어야 할 자리에, 정체 모를 노란 액체가 있었다. 화가 머리끝까지 났다. 나는, 평소 왕래도 없는 그 녀석의 방문을 부서져라 두들겼다.

'쿵, 쿵, 쿵.'

"A word?" (말 좀 할래?)

그 녀석은 아침부터 웬 소란인가 하는 표정으로 방문을 빠끔하게 열어 놓고 말했다. 잠을 덜 잔 표정인지, 머리는 뒤죽박죽이었다.

"What?" (왜 그래?)

녀석은 잠에 덜 깬 목소리로 말했다.

"Did you eat my ice-cream?" (내 아이스크림 먹었어?)

그 녀석은 황당한 듯 나에게 말했다.

"What ice-cream? Ah, something in the fridge?" (뭔 아이스크림? 아! 그 냉장고에 있던 거?)

"Yep, did you eat it?" (어. 그거 먹었어?)

녀석은 다시 나를 보며 말했다.

"Check in the fridge again!" (잘 확인해봐!!)

'쿵' 소리가 나더니 녀석의 문이 닫혔다. 내가 실수한 건가 싶을 정도로 그 녀석은 나를 보고 소리를 쳤다. 역시나 외국이던 한국이던, 목소리 큰 놈이 기세를 잡는 건 만국이 공통인 것 같다는 생각이 들었다.

저렇게 당당하니, 혹시나 내가 잘못 봤나 싶었다. 다시 냉장고를 열었다.

나의 사랑스러운 아이스크림은, 냉장 칸에서 놓여 있었고, 어이가 없었고, 아이스크림 뚜껑을 열어보는 순간 한 번 더 기겁했다. 곰팡이 핀 것 같은 아주 역겨운 형태로 녹아 있는 아이스크림은 다시 얼린다 해도, 먹고 싶지 않게 생겼다. 나는 그 녀석의 방문을 발로 찼다.

"Hey, Hey!"

그리고 녀석에게 아이스크림이 다 녹아서 먹을 수 없다고 말했다. 나는 녀석을 보고 말했다.

"Can you see that? I can't eat it!"(저거 보여? 먹을 수가 없잖아!)

"Then drink it!" (그럼 마셔!)

아직도 나는 그의 뻔뻔함과 당당한 표정이 잊히지 않는다. 나는 그의 방문을 닫고, 조용히 냉장고 문을 열었다. 그리고 냉동실 칸에 있던 그의 노란 액체를 냉장고 칸으로 내려놓았다.

돈이 없다는 사실은 어떻게 보면, 사람을 참 비참하게 만든다. 하지만 우리가 돈을 주고도 살 수 없는 추억은 가끔, 오히려 돈이 없을 때 생겨난다.

에피소드2

"때리 쳐. 때리 치라고!!"

아직도 머릿속에 메아리치는 음성이 있다. 다시 생각해도 머리가 삐쭉 뻬쭉하고 서고, 온몸이 얼어붙는 음성이다. 내가 이 이야기를 들은 건, 어학연수 기간 중, 첫 아르바이트를 하게 되면서였다.

어학원을 장기로 끊게 되면 40시간 가까운 시간을 일할 수 있는 학생비자를 발급해준다. 학생비자가 허용한 범위 내에서 어학원을 등록한 학생들은 아르바이트를 통해 생활비를 벌 수가 있다. 당시는 환율이 굉장히 비쌌고, 다달이 부모님께 송금을 받는 것이 참 보기 좋지 않다고 생각이 들었다. 어느 날, 나는 이력서를 한 부 넣었다.

외국에서의 첫 이력서 지원, 설레었다. 내가 과연 할 수 있을까 하는 고민도 들었다. 물론, 그곳은 한국인 사장님께서 운영하시는 일식 집이었는데, 사장님은 참으로 인상 좋고, 친절한 분이셨다. 키가 작으시고 안경을 쓰신 사장님은 꽤나 시내에서 좋은 목에서 장사를 하고 계셨다. 그곳에 이력서를 넣고, 면접을 갔던 날이다. 사장님은 일을 하게 된다면, 어떤 일을 할지를 설명하셨다.

"딱히 영어를 많이 쓰는 일은 아니고, 주방에서 요리 보조나, 설거지 등을 도우면 된단다."

인상이 선하신 사장님은 웃으면서 말씀하셨다. 나는 고민도 하지 않고, 하겠다고 했다. 내가 할 수 있는 일인지, 없는지는 상관없다. 일단 저질러지게 된 모든 일들은, 어떻게든 하게 되어 있다는 나의 무대뽀 철학에 따라, 일단 지르고 본 것이다.

첫날, 냉동고에서 당근을 써는 것부터 시작했다. 당근을 썬다기보다, 기계에 넣고 돌리면, 썰린 상태로 나왔다.

'음~ 할 만하구만.'

그랬다. 오전까지는 할만했다. 오후가 되자, 갑자기 사람들이 미친 듯이, 몰려 들어왔다. 서빙하는 누나께서는 주방에 열심히 주문을 넣으셨다.

'6번 메뉴 추가하고, 새우는 빼주세요!'

'20번 메뉴에 당근 빼주시고, 맵지 않게 해주세요.'

꽤나 점점 정신이 없어지기 시작했고, 나는 점점 무엇을 해야 하는질 몰랐다. 사장님과, 직원분들 모두 정신 없이 일을 하고 계셨고, 나는 그 자리에 서서, 그들이 일하는 경로를 방해하는데 충실했다.

모두가 바쁘게 자기의 일들을 하느라 정신이 없었다. 그리고 나는, 그냥 정신이 없었다. 그렇게 정신이 없는 시간과 공간을 함께 공유하며, 우리는 서로 다른 공간과 시간을 보내고 있었다. 괜히 뻘쭘하게 될 때는, 아침에 배웠던 당근이나 썰었다. 집에 갈 때쯤 되니, 내가 썬, 당근이 한 소쿠리가 넘어갔다.

주방에는 요리가 다 완성이 되면, 누르는 벨이 하나 있었다. 손바닥으로 누르면 "땡!"소리가 크게 나면서, 홀에 있던 아르바이트생들이 소리를 듣고, 완성된 요리를 갖고 나가는 그런 시스템으로 운영되는 듯했다.

혹시 그런 경험 있는가, 시공간이 멈추어지고, 귀와 눈이 제 기능을 마다하는 그러한 경험. 나는 그때 그러한 경험을 했다. 정신 없는 와중에, 열심히 직원들과 사장님의 진로를 방해해 되며, 그 어떠한 생산적인 일도 하지 못하는 나의 모습을 발견했다.

사장님은 처음의 좋은 인상은 온데간데없었다. 수 시간을 불 앞에 있으니 얼굴이 붉어졌다. 분명 바쁘고, 정신도 없어서 표정이 일그러졌으리라, 그러신 듯했다. 사장님은 얼굴이 붉어진 상태로 나를 쳐다보면서 말했다.

"때리쳐!"

그 말과 함께, 나는 막대기처럼 서 있으면서, 사장님의 눈을 멀뚱 멀뚱 쳐다보았다. 어떻게 반응 해야 하는지를 몰랐다. 난생 처음 들어보는 말이기도 했고, 무언가 자존심도 매우 상했다. 아무럼, 일하는 도중에 할 말이라고는 생각도 못했다. 사장님께서는 땀 범벅에, 붉어진 얼굴, 충혈된 눈을 하시고, 나를 향해 다시 목에 핏줄을 세우고 소리치셨다.

"지금 당장 때리 치라고"

물소리, 불소리, 칼이 도마에 부딪치는 소리. 온갖 잡음들과 함께, 그 음성은 복잡한 시그널처럼 들려왔다. 어떻게 받아 들여야 할까

타지에 나오면, 나쁜 한국인들이 많다고 들었다. 이런 일을 내가 직접 겪으니, 참으로 황당했다. 내가 설마 바로 첫 경험에서 이러한 일을 당할 거라고는 상상도 못했다. 모욕적임이나 수치스러움보다는, 당황스러움과 황당함이 더 밀려들어왔다. 사장님은 나의 이름을 불렀다.

"빨리 '땡'치라고!"

그랬다. 역시나 사장님은 좋은 사장님이셨다. 음식이 완성이 되어 있었는데 벨 앞에 서 있는 나를 보며, 빨리 종을 '땡'하고 치라고 말하고 있었다.

사장님께서는 좋은 사장님이셨고, 나는 나쁜 직원이었다. 그 이후로도 나는 계속해서 그 일을 하고 싶어 했다 하지만, 며칠, 몇 날을 고민하신 사장님은, 안쓰러운 표정을 가득 담아 나를 불렀다.

"아무래도 주방 경력이 있는 직원을 뽑아야 했던 것 같구나."

그리고 나는 일주일도 채 되지 않고, 그 일을 그만두게 되었다. 사장님은 일주일을 일한 나에게 용돈 명목으로, 몇 달러를 더 보태줬다.

에피소드3

살면서 나의 이야기에 공감하는 사람이 단 한 명이라도 나온다면, 나는 그에게 박수를 쳐주고 싶다. 왜냐하면, 나의 이야기는 스스로 박수를 받아야 할만한 이야기라고 생각하기 때문이다. 이 이야기는 모두 신발에서부터 시작한다. 당신이 소설을 통해서 보았든, 영화를 통해서 보았던, "더 로드"라는 책이나 영화를 보다 보면 그 중간중간 신발의 중요성에 대해 얼핏 보여준다. 어떤 이들은 그저 지나가는 장면으로 스쳐 볼 만한 이야기를, 나는 조금 다른 느낌으로 기억을 하고 있다.

'이 장면에서 그것을 보고 공감하는 사람이 현대사회에 얼마나 될까?'

나는 작가가 왜 그토록 신발이라고 하는 품목에 공을 들였는지 이해를 했다. 작가는 아마도 나와 비슷한 경험을 갖고 있거나, 혹은 비슷한 상상을 했을 것이다.

나는 항상 신발을 딱 한 켤레만 샀다. 주급으로 받는 돈으로는 방 렌트비를 지불하고, 그 한 주 식사 정도 하면, 조금 모자랄 정도였다. 꼭, 신발이 아니더라도, 무언가를 산다는 건, 사치였다. 딱 신발이 한 켤레밖에 없다 보니, 문제가 생겼다. 비가 오는 날은 신발이 비에 젖으면 안 된다는 사실이었다. 물론 젖으면 다음날 신고 다니기 찜찜한 것 때문인 것도 있지만, 나에게는 더 큰 이유가 있었다.

내가 신던 신발은 하도 오래 걷다 보니, 밑창이 떨어져 나가, 양말이 보이기까지 했다. 달라 샵에서 간단하게 2불짜리 본드를 사고 나서 붙이면, 딱 붙인 후로 2일 까지는 떨어지지 않았다. 본드는 대략 10개 정도 있는 걸 사면 한 달 정도는 붙이고 다닐 수 있었다.

그러던 어느 날 비가 억수같이 쏟아지던 날이었다. 그날도 느낌이 왔다. 내가 걸을 때마다, 오른쪽 발 앞부분부터 벌어지기 시작한 신발 밑창은 어느덧 중심부까지 벌어져 있었다. 걸어가다 보면, 신발 밑창은 반으로 접혀서 밟히기도 했다. 비는 억수로 쏟아지고 있었다. 빨리 걸어야 했다. 속도를 내면 낼수록, 밑창은 바닥으로부터 떨어지며, 나의 발바닥을 '찰싹, 찰싹' 하고 소리를 내며 쳤다.

결국 나의 아파트가 보였다. 안도의 한숨을 내쉬자, 느껴진 것은 다름 아닌, 왼쪽과 오른쪽 높이가 달라진 기분이다. 왼쪽 발을 내디딜 때는 한없이 위로 올라가듯 하다, 오른발을 내 닫을 때는 한없이 밑으로 꺼져가는 기분.

뒤를 돌아봤다. 나의 신발 밑창이 저만치 뒤에서 나의 발 모양대로 하고 있다. 발가락을 꼼지락거려본다. 발가락으로 딱딱한 시멘트 바닥의 감촉과 축축한 양말의 촉감이 같이 느껴진다. 더 이상 밑창 없는 신발은 내 발목 위로 올라와 있었다.

신발 밑창을 쳐다보던 나의 시선은 다시 조금 위로 올라왔다. 거기는 우산을 쓰고 걸어오는 한 아시아 여자아이가 있었다. 문득 눈이 마주쳤다. 나는 더 이상 우산이 나를 안전하게 비로부터 지켜주고 있지 않음을 깨달았다. 우산을 접어버리고 내리는 비를 모두 맞았다. 나는 잽싸게 몇 걸음 뒤로 돌아가, 떨어진 신발 밑창을 줍고, 재빨리 아파트로 뛰어들어갔다. 아파트로 겨우 들어왔다. 여자아이는 나와 같은 아파트를 사는지, 같은 방향으로 계속 들어왔다.

아파트의 중국인 매니저가 리셉션에서 나와 눈이 마주쳤다. 그리고 말했다.

"빗물이 묻어올 수도 있으니, 문 앞에서 한번 털고 들어오세요."

들릴 리가 없다. 빗물 따위가 묻어 들어오든 말든, 내 알 바가 아니었다. 나의 한쪽 발은 신발 밑창이 없다. 나는 빠른 걸음으로 엘리베이터를 탔다. 내가 걸어온 자국마다, 선명한 발바닥 자국이 내 뒤를 따랐다. 언뜻 보인 중국인 매니저는 황당한 표정을 하고 있었다.

복도는 카펫으로 되어 있다. 보슬보슬한 카펫 위를 젖은 양말이 걸어가며 닦을 때마다 양말에 더러운 먼지가 묻어나는 게 느껴진다.

다음 날, 더욱더 커다란, 고난이 나를 기다리고 있었다. 밑창이 조금 벌어졌을 때는 본드로 대충 해결되던 일이, 이젠 완전하게 떨어지자. 해결이 불가능했다. 누군가는 말할 것이다.

'궁상떨지 말고 한 켤레 사면 되잖아?'

우리나라처럼, 인터넷 주문을 하면 집 앞까지 배송해주는 것도 아니고, 신발을 사기 위해선, 신발을 신고 밖으로 나가야 한다. 혹은, 맨발로 나가서, 새 신발을 사야 한다. 비에 젖은 다음 날, 비에 젖은 땅을 철벅철벅 밟고, 신발을 사러 가는 것은 쉬운 일이 아니다. 좌절하고 있을 때, Jason이 생각났다.

"I'm really sorry but, If you have any shoes, can I borrow ones?"(진짜 진짜 미안한데, 혹시 신발 있으면, 하나 빌려줄래?)

이유는 말하지 않았지만, Jason은 신발을 가지고 나왔다. 신발이 없어서 신발을 사러 못 가는 나의 처지를 보더니 Jason은 기가 찬 듯 웃었다. 한창 우울해질 뻔했던, 그 추억이, 그 긍정적인 녀석 때문에 좋은 기억으로 바뀌었다.

우리는 신발을 사러 마트로 갔다. 거기에는 2켤레에 150불 1켤레에 100불에 파는 행사를 진행하고 있었다. Jason은 그냥 두 켤레 사라고 나를 끈질기게 설득했다. 돈이 없다는 말은 할 수가 없었다. 그도 대충 감을 잡았는지 돈을 빌려 줄 테니 그냥 2켤레를 사라고 했다. 나는 매우 험상궂은 표정을 하고, 한 켤레만 사고 돌아왔다.

누군가는 이런 비슷한 일을 겪으면, 우울해지기도 하고, 비참함에 초라해지기도 한다. 하지만, 나의 가난에 대한 기억은 그렇지 않다. 나는 젊었고, 유학 생활 중 재미난 추억일 뿐이라고 생각했다.

나는 이 해외 생활이 언젠가는 끝이 날 것이고, 누군가에게, 나의 이야기를 하게 될 날이 분명 있을 거라고 확신했다. 그때, 조용히 공부만 했다거나, 부모님께서 보내주신 돈으로 재미있게 놀다 오기만 했다는 식의 시시한 인생을 자랑하고 싶지 않았다.

나는 비슷한 추억이 생길 때마다, 이미 성공해 있는 나의 모습을 떠올리며, 향후, 이런 이야기를 영웅담처럼 말하고 다녀야지 생각했다. 어떠한 일이 일어날 거라는 믿음을 표현하면, 그것이 현실로 나타난다는 것을 자기충족적 예언이라고 한다. 쉽게 설명해, 자신이 예언한 일들이 현실에서 이루어지는 현상이다. 이는 심리학자 융이 말한 '동시성(synchronicity) 이론과 같은 맥락이기도 하다.

앞서 말한 것처럼, 모든 것은 관점에 따라 다르다. 타지 생활을 하면서, 호화로운 생활을 한다는 것은 불가능하다. 그렇다면 어차피 마주하게 될, 이 가난이라는 현상을 대하는 나의 마음가짐을 다르게 해야 한다.

　이 책을 읽는 독자의 연령은 천차만별일 것이다. 학생일 수도 있고, 나이가 조금 많이 든 어르신 일 수도 있다. 가난한 사람일 수도 있고, 어쩌면 부유한 사람일 수도 있다. 가난함과, 부유함은 현상일 뿐이다. 제일 중요한 건, 그 현상 속에서, 내가 얼마나 행복감을 느끼고 살아가느냐 일 것이다. 당신이 부유하다고, 행복하지 않은 이유는, 혹은 당신이 가난하다고 불행하지 않은 이유는, 당신이 현상을 바라보는 시각이 너무 진지하기 때문은 아닐까?

에피소드4

　크리스마스였다. 크리스마스가 되면, 함께 어울리던 친구들이며, 아는 형, 누나들은 각자 한국인 그룹을 통해, 여행을 떠나곤 했다. 도시 전체가 유령의 도시가 된 듯싶었다. 언뜻, '나는 전설이다'라는 영화의 첫 장면을 연상시키는 상황이 발생한다. 차도를 걸어 다녀도, 위험하지 않은, 그런 현상이 매년 한 번씩은 꼭 찾아왔다.

　이번 크리스마스도, 미리 준비하지 않는다면, 콜라를 사러 밖을 나가도 빈손으로 돌아올 것 같았다. 그보다 중요한 건, 약속을 잡고, 친구들과 함께 파티를 하는 것이었다. 그때 한창, 클럽에서 일하던 나는 Golden이라는 중년 남성을 알게 되었다. 그도 다른 손님들과도 마찬가지로, 나를 매우 좋아했다. 크리스마스를 며칠 앞둔 시점에 그는, 나의 핸드폰 번호를 받아 갔다.

　"크리스마스 날 우리 집에서, 바비큐 파티를 할 예정이야. 꼭 참석했으면 좋겠어"

　Golden은 수염이 덥수룩하게 난 백인 남성이었는데, 배가 남산 만했고, 꼭, 맥주를 좋아할 것 같이 생긴 중년 남성이었다. 왠지 그의 집에서 파티를 하면,

맥주 하나는 질리도록 먹을 수 있을 것 같았다. 나는 꼭 가겠다는 인사를 했다. 그리고 그에게 내 전화번호를 건네주었다. 매우 기대가 된다고 말을 하고, 나는 그의 전화번호를 저장했다.

크리스마스 당일이 되었다. Golden의 문자가 왔다.

'오늘 당연히 올 거지? 주소 바로 알려줄게'

대답을 해야 했다. 50불짜리 핸드폰으로 문자를 작성했다. 그리고 '전송' 버튼을 눌렀다. 그러나 내가 한 대답은 전송되지 않았다. 영어로 뭐라고, 반송 문자만 올 뿐이었다. 이유인즉 슨, 내가 사용하는 핸드폰 요금은 Text2000이라는 요금제였는데, 문자를 2,000개밖에 보낼 수 없었다. 황당했다.

여기는 핸드폰 요금을 충전하기 위해서, 편의점을 가야 했다. 나는 편의점으로 달려갔다. 빨리 요금을 충전하고, 대답을 보내서 파티에 가고 싶은 마음이 굴뚝같았다. 하지만 그날은 크리스마스 당일이었다. 이런 대목에, 아무도 문을 열지 않을 았다. 이럴 때, 문을 열면 돈을 쓸어 담을 수 있을 것 같은, 다소 한국인스러운 생각이 들었다. 역시나 그날 여는 편의점은 없었을 것이다. 하지만 나는 일단 지갑을 뒤져보았다. 마침 딱 10불이 있었다. 전 재산을 털고도 그 파티는 참석해 야했다. 그 10불을 들고 동네 편의점이란 편의점은 다 뛰어다녔다. 모두가 약속이나 한 듯 문을 걸어 잠갔다.

한참을 답장을 해야 한다는 일념 하나로 돌아다니다 보니, 집에서 상당히 먼 곳에서, 문을 연 편의점이 하나 보였다. 나는 망설임 없이 10불을 내고 Text2000을 구매했다. 그리고, 잽싸게 문자를 보냈다.

"Why not? Send me your address!!!" (당연하지!! 주소 알려줘!!)

문자는 정상적으로 전송이 되었다. '이제 드디어 파티를 갈 수 있겠어!' 마음을 먹음과 동시에, 답장이 왔다. 답장에는 주소지가 찍혀 있었다. 기쁨을 느끼기도 전에 나의 얼굴은 파랗게 질려 버렸다. 파티에 갈 때 쓸 차비인, 10불로 Text2000을 구매했다는 사실을…

그 해 크리스마스도 나는 캐빈과 보냈다. 그날 나는 Golden의 파티에는 참석하지 못했다. 그 뒤로 며칠 뒤, 그의 친구가 그와 함께, 맥주를 마시러 바를 방문했다. 어찌 저찌하다 보니, 내가 파티에 참석하지 못한 이유도 말하게 되었다. 그는 나의 이야기를 재미나게 듣더니, 옆에 앉아 있는 그의 친구에게 나와의 이야기를 설명해주더니, 정식으로 인사를 시켜주었다.

그의 친구는 꽤나 큰 피자 가게를 몇 개나 소유하고 있는 부유한 사람이었다. 내가 학교를 졸업하고, 관리직으로 취업하지 않으면, 안 되는 때가 있었다. 그 즈음, 그 피자가게 사장으로부터, 본인의 가게 매니저를 해 줄 수 있냐는 제안을 받았다. 물론, 이미 취업이 되어버렸기 때문에, 정중하게 거절했지만 말이다.

모든 일에는 전화위복이 있다고 했다. 좋은 일은 꼭 좋지 만도 않고, 나쁜 일이 꼭 나쁜 것만도 아니다. 상황은 그 상황 나름대로, 좋은 면과, 나쁜 면을 모두 가지고 있다. 다만, 바라보는 우리가 어떤 면만을 살펴보느냐에 따라 좋은 면이 되기도 하고 나쁜 면이 되기도 한다.

'내가 당시 파티에 참석하고 싶었지만 못하게 되자, 재수가 없다고 생각을 했다. 하지만 10불을 보게 되자 기분이 좋아졌다. 10불을 가지고 밖으로 나가서 편의점을 찾을 때, 그 당시 열고 있는 편의점이 없다는 사실로 나는 기분이 나빴다. 그리고 열려 있는 편의점을 확인하고는 기분이 좋았다. 10불로 Text2000을 구매하고, 문자가 전송이 됐을 때는 뛸 듯이 좋았다. 하지만, 다시 그로 인해 파티를 참석 못 하게 되자, 절망했다. 그리고 참석하지 못한 이유로 매니저를 제안 받게 되었다.'

인생은 전화위복이다. 좋은 일이 있다고 기뻐할 필요도, 나쁜 일이 있다고 슬퍼할 필요도 없다. 그저 담담하게 인생의 파도에 몸을 맡기며 그 출렁임을 즐기기만 하면 된다.

에피소드5

나에게도 참으로 드라마틱한 순간이 몇 번 있다. 사실 따지고 보자면 몇 번은 아니지만, 어찌 됐건 그 중 재미있는 건 바로 지금 설명하려는 사건이다. 내가 유학을 할 때, 정말 끝까지 가난했다. 상대적인 발언이기는 하지만, 정말 그때의 나로선 그랬다.

어느 날은, 학교에서 수업을 받는 날이었다. 어학연수에서 유학으로 방향이 결정되면서, 달라진 건 학교 수업에 대한 부담감이었다. 어학연수는 솔직히 말하면, 놀기 좋고, 부담 없이 편하게 즐기다 친구 만들고 돌아가는 일이었다면, 유학은 조금 달랐다. 이미 편하지도 않은 영어라는 언어를 통해서 전공 공부를 해야 했다.

누군가에겐 쉬울 수 있는 일이겠지만, 나는 상당히 부담되는 일이었다. '닥치면 다 된다.'라는 나의 마인드가 절체절명의 위기를 맞이하고 있었다. 교수는 빠르게 뭐라고 말을 하고 있었고, 겨우 알아들을 수는 있겠으나, 그것을 필기하기도, 쉽지 않았다.

알아듣든 말든, 그냥 내가 이해한 바대로, 받아 적고, 한국어로 적었다가, 영어로 적었다가. 엉망으로 일단 모든 걸 받아 적고 나면, 집에 들어가서 또 다른 지옥이 시작했다.

'과연 오늘 수업 내용은 무엇이었을까?' 그것이 집에 가서야 파악되는 나의 유학 생활이었다. 집에 가서 한국과 외국의 검색창을 동시에 켜고, 모든 문장을 다 번역기를 돌려보고 사전을 찾아보고, 별 짓을 다하고 나서, 비슷한 전공 내용의 한국어 버전을 읽고, 다시 영어를 읽고를 반복하면, 곧 밤이 되었다.

강의 시간에 내가 적어가는 내용은 절대적이었다. 녹음기라는 것도 당시에는 없었다. 한참이 지나고 난 후에 아이팟을 하나 구매해서 신세계를 맛봤지만, 그전까지만 하더라도, 모든 건, 아날로그 방식이었다.

그날도 마찬가지였다. 한참을 고개를 푹 숙이고, 필기만 열중하고 있는데 갑자기, 펜이 나오질 않았다. 그때는 책가방이 없어서, 마트에서 준 하얀 비닐 봉지를 책가방으로 사용할 만큼 가난할 때였다. 마침 내가 비닐봉지 책가방을 통해 물품을 들고 다니다가 찢어진 봉지로 필통이 빠져서, 펜이라고는 달랑 하나 남은 게 되었다. 펜은 은행에서도 쉽게 받을 수 있고 어디든 굴러다니지만, 그 당시에는 아무런 생각이 들지 않았다 옆에 있던, 중국인 친구에게 펜 좀 빌려달라고 했다. 내 주변에서 아무도, 나에게 펜을 빌려주지 않는 건, 참으로 충격적인 일이었다.

강의 도중에 조심스럽게 학교를 나와 편의점을 들어갔다. 펜을 몇 개 집었다. 그리고 주머니를 뒤졌다. 주머니에는 20센트 짜리 동전 몇 개가 나왔다. 나는 조용히 펜을 도로 자리에 넣어두고, 학교 수업도 듣지 않고 집으로 돌아갔다.

에피소드6

내가 플랫을 살 때, 같이 살던 형이 나에게 불러준 별명이 하나 있다.

'Jobs'

"너는 job을 몇 개를 하는 거야? 공부는 안 해?"

우연히 파트타임 일을 몇 개 구하다 보니, 공부하는 시간보다는 일하는 시간이 많아지게 되었다. 내가 했던 일은, '클럽/바에서 일하기', '학교 청소하기', '아파트 청소하기', '정원 관리', '주차장 안내', '전단지 돌리기' 등등. 참 우연찮게 내가 다니는 학교에는 한국인이 없었고, 내가 구하는 플랫에도, 내가 하게 된 아르바이트에도 외국인이 많았다.

미련하게도, 손에 지문이 없어질 만큼, 일을 하고, 같이 살던 플랫 형들이 나의 정체를 궁금해하고, 잠은 자고 있는지, 밥은 먹고 있는지, 집에는 들어오고 있는지를 궁금해할 때까지, 나는 남몰래 미련하도록 일만 하고 살았다.

억울하지도 않고, 힘들지도 않았다. 당연히 그래야 하는 것처럼 그랬다. 하다 보니, 바텐더 들과 친해지고, 청소하는 학교의 선생님들과 인사를 나누게 되고, 전단지를 돌리면서, 길에서 마주치는 많은 사람들과 이야기를 나누게 되었다. 남들이 도서관에서 단어 하나를 외우고 있을 때 나는 그들의 일부가 되어, 그들이 사용하는 말과 문화를 배웠다.

많은 사람들이, 밤에 자고, 낮에 일할 수 있는 행복에 대해서 감사함을 모른다. 하지만 나는 아무리 어려운 일을 하게 되더라도, 당시를 회상하면 모든 일에 감사함을 느낀다. 하루 밥 먹는 시간이 정해졌다는 사실도 매우 감사한 사실이고, 해가지면 잠을 자고, 해가 뜨면 잠에서 깨어나는 것이 얼마나 큰 축복인지 모른다.

하지만 내가 이러한 일들을 23살 어린 시절이 미리 겪은 것은 참으로 행운이라고 할 수 있다. 내가 어느 순간 다시 그러한 삶을 살게 된다고 하더라도, 나는 조금도 슬퍼하지 않을 것이다. 매 순간이 감사하고 고마운 건, 그 시절, 재미난 에피소드들이 넘쳐나기 때문이다.

기록은 기억을 지배한다

20년 전 빌 게이츠는 레오나르도 다빈치의 노트 열여덟 장을 3천80만 달러 대략 450억 원 가량에 구입했다. 모든 사람들이 새 차를 좋아하고, 새 휴대폰을 좋아하고, 새 컴퓨터와, 새 집을 좋아한다. 하지만 빌 게이츠는 다빈치의 500년이나 된, 오래된 노트에 3천80만 달러나 들였다. 새로운 것에 가치를 두고 사는 사람은, 그것이 시간이 지날 때마다 가치를 잃어버림을 느낀다. 하지만 오래된 것에 가치를 두는 사람은, 시간이 지날수록 그것이 가치가 높아진다는 것을 알고 있다. 기록은 시간이 흐르면 흐를수록 가치가 상승한다.

군 입대에서 크게 두 가지를 배웠다. 그중 하나는 노트와 스케줄 관리였다. 그리고 다른 하나는 '인생을 재미있게 살자.'였다. 그 두 습관은 내 인생의 터닝포인트가 되었다. 나는 트럭 운전병이었다. 배차가 나오면, 간부가 시키는 데로 운전하는 것이 군 생활의 전부였다. 일과가 끝나면, 끝나고, 시작하면 시작하는 거였다.

그러던 어느 날, 대대장 운전병을 하고 있던 동기에게 놀러 갔던 적이 있었다. 대대장 운전병은 트럭 운전병과 달리, 깔끔한 복장을 하고, 스케줄에 따라 일정이 정해진다. 거기서 동기와 무슨 이야기를 했는지는 기억나지 않는다. 다만 곁눈질로, 동기 녀석이 적어 놓은 스케줄 표를 보았던 것은 기억이 난다. 다소 충격적이었다. 스케줄이라는 건, 연예인 혹은 유명인들이나 하고, 있는 것이라고 생각했다. 나와 같이 평범한 일상을 보내는 이 녀석도, 스케줄이 있다는 말인가?

그 녀석은 내일의 일정을 알고 있을 것뿐만 아니라, 그 다음날 일정도 꿰고 있었다. 다음 달과 다 다음 달 일정도 미리 알고 있었다. 녀석의 미래에 대한 불안감이 다른 이들 보다 덜 했을 것이 분명했다. 그 습관을 배워 보기로 했다.

나도 수첩을 샀다. 옆으로 넘기는 수첩이었다. 내 동기 녀석을 따라서 스케줄을 적어보았다. 아무리 생각해봐도, 아무리 궁리해봐도, 마땅히 적을 내용이 떠오르지 않았다. 내가 맨 처음 적었던 스케줄은 '짬밥'이라고 불리는 군대식 식사 메뉴였다. 나의 스케줄 정리는 그렇게 시작하였다.

나는 지금도 일기와, 스케줄 정리는 계속하고 있다. 나의 스케줄은 수 개월 치가 나와있고, 주 단위로 조금씩 수정해가며 쓰고 있다. 주말 중, 하루나, 차를 타고 이동할 때마다, 조금씩 수정을 해간다. 스케줄을 짜고 나면, 가장 달라지는 것은, 아무것도 하지 않고 지나가는 날을 발견하는 것이다. 바쁘다고 하는 사람들도, 가만히 스케줄을 짜고 보면, 생각보다 시간이 많다는 것을 깨닫는다. 나의 스케줄은 시간 단위로도 짜여 있다. 아주 디테일하게 시간을 쪼개서, 어떻게 사용했는지도 쓴다. 스케줄 뿐만아니라, 기록에도 상당히 관심이 있다. 기록을 하는 것은, 내용을 남기는 것 말고도 다른 의미가 있다. 우리에게는 망상 활성화 시스템이라고 있다. 이는 어떤 정보를 긴급한 메시지와, 긴급하지 않은 메시지로 구분하여, 긴급한 메시지를 먼저 처리하고, 긴급하지 않은 메시지는 우리의 잠재의식 속으로 넣어 두는 것을 말한다. 요컨대, 아무리 시끄러운 레스토랑에서도 나의 이름을 언급하면, 귀가 번뜩이게 되거나, 잠을 곤하게 자고 있다가도, 옆 방에서 아이가 울면, 잠에서 깨어나는 것과 같은 원리다.

기록을 하는 것은 이러한 우리가 깨닫지 못했던 잠재의식 속의 기억을 끄집어 내는 역할을 한다.

어렸을 때 나는 만화 영화에서 '흡사'라는 단어를 들었다. 뜻을 몰랐던 나는 그 뜻을 어머니에게 물어봤다. 그러자 어머니는 " '흡사'라는 것은 '비슷하다'라는 뜻이야." 라고 알려주셨다. 그 뒤로 부터, 그 전에 들리지 않던 '흡사'라는 단어를 세상은 굉장히 자주 썼다. 이러한 것도 모두 비슷한 경우라고 볼 수 있다.

세계적인 천재로 알려진 아인슈타인은, 평생 8만 장이 넘는 일기를 남겼다. 그는 연구와 일상 등을 생각 나는 대로 적어 두었다. 미국의 TV 쇼 진행자인 오프라 윈프리 또한 매일 아침이 되면, 일과를 시작하기 전에, 자신의 감사함 마음을 느끼는 것 5가지를 기록했고, 허밍 턴 포스트 미디어 그룹 회장인 아리아나 허밍턴은 매일 아침 자신에게 주어진 축복을 헤아려 보기 위해 일기장에 그 수를 적어 두고 있다고 한다.

나는 그들처럼 대단한 사람이 아니다. 하지만 그들이 가졌던 좋은 습관을 함께하는 것만으로도 나는 그들과 조금은 가까워졌다.

나는 스케줄 관리와 기록을 위해 대형 포털 사이트를 이용한다. 접근성과 연동성이 좋아 자주 사용한다. 이 포털 사이트의 달력은 내가 이미 처리한 일을 밑줄로 지울 수 있는 기능이 있다. 정해진 스케줄 시간이 지나고 나는 그 스케줄을 밑줄로 지운다. 그리고 그 일의 평가나 내용을 적기도 한다.

일정은 최대한 행위 단위로 쪼개는 것이 좋다. 예를 들자면, '베트남 여행 알아보기'라고 적어 두는 것보다는, '3시 여행사로 이동, 4시 여행사 상담, 5시 비행기 예약' 이렇게 하면, 나는 미리 고민해 둔 결정에 따른 행동만 하면 된다. 용기 있는 선택을 할 필요가 없다. 미리 짜둔 스케줄대로 움직이기만 하면 된다. 한 번 결정되어, 스케줄로 옮겨진 내용은, 두 번 고민하지 않는다.

일요일이 되면, 나의 핸드폰에는 전송되지 않은 문자들이 저장된다. 예를 들어, '금요일 3시 상담 잡아주세요' 혹은 '목요일 2시 시간 어떠시나요?' 등의 예약 문자들이다. 내가 미리 설정해 둔 날자가 되면, 그 문자 메시지는 자동으로 나를 대신하여 문자를 전송해 준다. 그리고 자동 예약 문자 서비스는 내가 해야 할 일들을, 할 수밖에 없는 명분을 만들어 준다. 평소 안부를 물어야지 하면서 묻지 못하는 지인들에게나, 이 이야기는 꼭 해두어야겠다 마음 먹었던 이야기들도, 미리 문자로 보내둔다. 그런 모든 결정이 하루에 일어나고 나면, 나는 머리를 가볍게 하고 일주일을 살아갈 수 있다..

예전에 사주카페에서 나의 사주를 봤을 때, 믿거나 말거나 나는 기본적으로 두 개 이상의 명함을 갖고 살아가는 팔자라고 했다. 한창 싱가포르를 수출할 때는 개인사업을 하고 있었고, 학원 강사도 하고 있었다. 동시에 처리해야 할 일들이 많은데도, 나는 조금도 헷갈리지 않고, 많은 일들을 처리할 수 있다. 그것은 다름 아닌 스케줄 관리 능력 때문이다.

나는 나의 스케줄 관리는 와이프와 함께 공유한다. 동시에 쓰는 달력이 꽤나 많은데, 그 달력 중에는 '가족' 스케줄도 있다. 내가 쉬는 날에, 아이들과 공원을 가거나 아내와 영화를 볼 때도, 그 시간과, 내용, 목적을 미리 기입해둔다. 그러면 나의 아내에게도 같은 알람이 간다. 그래서 우리 부부는 서로의 스케줄을 챙겨주고, 오해가 없도록 생활하고 있다. 누군가는 구속이라고 말하겠지만, 우리는 실제 이 재미있는 스케줄 관리 놀이를 통해 더욱 돈독한 부부관계를 유지하고 있다.

나의 달력은 색깔 별로 나누어져 있다. 가족과 관련된 일은 초록색, 개인 일은 파란색 이런 식이다. 이런 색깔은 처음에는 한 개 두 개로 시작하다가, 지금은 10개 가까이 되어간다. 적어둔 스케줄이 지나고 나면, 그 스케줄 안에 메모를 작성한다.

가령, '2019년 6월 1일 영화 감상'이라는 스케줄이 있다면, 그 스케줄 때, 알아야 할 내용을 미리 적어두고, 그 스케줄이 마무리되고 난 다음에는, 그 결과나 느낀 점을 적어둔다. 참고로, 나는 내가 어떤 영화를 볼지, 이번 주 휴일은 어디로 나들이를 가서 얼마나 있다가 올지, 모든 것이 스케줄화되어 있다. 조금은 강박증처럼 보이는 이 일로 인해, 나는 머리가 조금 편해졌다.

갑자기 '잊고 있었는데, 오늘 그날이었구나? 내 인생에 날벼락은 쉽게 일어나지 않는다. 웬만한 약속이나 스케줄은 나에 의해 관리된다. 그 달에 있을 특별한 일들을 수 일 전부터 확인하기 때문에 모든 일들이 한꺼번에 중복되지 않도록 잘 조절하고 있다.

내가 군에서 배우게 된 두 번째는 인생은 재미있게 살아야 한다는 것이었다. 군대에서 이래저래 지내다 보면, 선임과 이야기할 시간이 많아지게 된다. 그러면 선임들은 꼭, 밖에서 있었던 일들을 묻는다. 나는 군대에서 대단한 한 가지를 알게 되었다.

'나는 군 입대 전까지, 한 것이 없다.'

남들이 다하는 중학교 졸업하고, 남들이 다하는 고등학교를 졸업하고, 군대를 갔다. 내가 군대에 오기 전에 남들에게 할 만한 이야기가 없는 시시한 인생을 살았다는 사실을 깨달았다. 아무리 100세 인생이라고 하지만, 나는 벌써 내 인생의 20% 어쩌면 30%일 수도 있고, 아니면 어쩌면 50%일 수도 있는 짧은 인생을 숨만 쉬며 스토리 없이, 살아온 것이다.

그때부터였다. 인생은 즐겁게 살아야 한다! 내일 당장 식물인간이 되어 병원에 누워 있게 된다 하더라도, 추억거리는 많아야 한다! 인생은 살아가는 것이 아니라, 죽어가는 것이다. 많은 것을 경험해보고 느껴라.

생각이 많을수록 행동은 느려지게 되어있다. 가끔 사람들이 묻는다. 그렇게 큰 결정을 무덤덤하고 빠르게 내릴 수 있는 이유는 무엇이냐고.

나는 대답한다.

"어떻게 결정 하냐 구요? 생각 없이 결정하면 돼요."

사람들은 내 대답을 듣고 웃는다. 나는 반은 진실이고, 반은 농담인 이 말을 참 좋아한다. 사람들은 생각보다 대범한 일들을 잘 처리해 낸다. 본인들이 그것을 인지해 내지 못할 뿐이다.

가난했던, 내가 유학을 하기 위해 했던 제일 첫 번째 일은, 자리에서 엉덩이를 떼는 일이었다. 그리고 책상에 앉는 일. 컴퓨터로 비행기 티켓을 끊는 그것이 전부이다.

매 순간이 단 한 번뿐임을 기억하라

에피소드1

문자가 온다.

'Are you still interested in making new friends? (새 친구를 만드는데 아직도 흥미가 있나요?)

나는 빠르게 대답했다.

Of course, I am. (당연하죠)

우리는 영화관 앞 카페에서 만나기로 했다. 카페는 시내 중심가에 있기도 했고, 나의 학원에서 걸어서 5분 거리라, 꽤나 자주 이용하던 곳이기도 했다. 날씨는 더할 나위 없이 좋았고, 그날의 기분은 그보다 더 좋았다. 한 30분 정도가 지나자, 멀끔하게 생긴 젊은 남자가 들어왔다. 키는 별로 크지 않았고, 금발의 머리를 뒤로 넘긴, 젊은 사내는 왼손에 검은 서류 가방을 하나 들고 왔다.

"You're Ian, right?" (이안 씨 인가요?)

"Yep, I am, I came with my friends. Are you fine with it?" ('네. 친구들과 같이 왔어요. 괜찮죠?)

말이 끝나자, 젊은 사내는 웃으며 말했다.

"No problem! I think it'd be better" ("천만에요. 어쩌면 더 좋을 수도 있겠네요)

우리는 자리에 앉아서, 녹차 세 잔을 시켰다. 어쩐 일인지, 그 키 큰 백인 사내는 음료 따위 상관없다며, 이렇게 말한다

"Just same one." (같은 걸로 주세요.)

그러고는 그는 급하게 준비해 온 서류 가방을 테이블 위에 올렸다.

그는 자기소개를 했다. 하지만 우리의 이름을 묻지도 않았다. 그리고, 아주 빠른 어투로 다음 이야기를 했다.

"This business is quite a lucrative one." (이 사업은 꽤나 수익성이 좋아요.)

그는 가방에서 골동품 시장에서만 볼 수 있을듯한 커다란 전화기를 꺼냈다. 우리는 영어 공부를 하기 위해서 영어를 가르쳐줄 친구를 만나러 왔을 뿐, 돈은 없다고 이야기했다.

우리가 무슨 말을 하던 그것은 그의 관심사가 아니었다.

"That's okay, totally fine. You don't have to pay anything~, you can just bring someone who can pay."

(괜찮아요~ 결제를 하라는 말이 아니라, 결제할 사람들을 모으면 되세요.)

함께 온 형은 한국말로 욕을 했다.

"이 자식이, 불쌍한 타국살이들을 상대로 다단계 하려고 그러네. 그래 어디까지 가나 함 보자."

그 이후로도 그 남성은 50분 가까이 혼자 이야기했다. 그리고 일어서며, 승

리자의 표정을 하더니, 명함을 하나 주고 떠났다. 형 둘은 어안이 벙벙한 상태로 나를 처다보며 말했다.

"왜 너랑만 다니면 이런 일들이 생기는 거냐?"

에피소드2

영어를 공부하다 보면, 참으로 헷갈리는 단어가 가끔 있다. 지금은 그렇지 않지만, 당시만 하더라도, 이 헷갈리는 단어는 도저히, 적응이 되지 않았다. 예를 들어보자면, difficult와 different 혹은 doubt와 debt 따위의 단어들

뜻은 물론 아주 다르다. 그리고 스펠링도 다르고, 발음도 아주 다르다. 그런데 왜 이런 단어들은 꼭 헷갈리는지 이해가 되지 않았다. 내가 한창 헷갈리던 것은 forget과 forgive라는 중학교 수준의 단어이지만, 왜 이렇게 헷갈리는지, 실제로 사용할 때는 몇 번을 생각하고 나서야, 입 밖으로 내뱉고 다시 수정하는 말들이었다.

나에게는 아주 오래 일한 일이 하나 있었다. 바와 클럽을 동시에 운영하는 곳이었는데, 지금은 기억이 모호하긴 하지만, 대략 2년 가까이는 일하지 않았나 싶다. 내가 그 일을 찾게 된 것은 우연이었다. 외국인 친구만 사귀고, 현지 일만 고집하던 나였는데, 결국 돈이 떨어지자, 그냥 한국 사람 밑에서 일해야겠다고 마음을 먹었을 때였다.

한국 커뮤니티 사이트를 들어갔다. 어떤 한, 한국 사장님이, 아르바이트생이 그만두게 되어, 후임자를 찾는다는 공고가 있었다. 조금의 망설임도 없이, 문자를 보냈다.

"Are you still looking for a part time worker?"(아직도 아르바이트생 구하시나요?)

*당시에는 한국어로 문자를 쓸 수가 없어서, 무조건 영어로 보내야 했다.

그러자, 내가 이전에 보냈던 번호였던지, 먼저 보냈던 문자가 떡 하니, 내가 방금 쓴 문자 위에 떴다.

"Are you still looking for a part time worker?"(아직도 아르바이트생 구하시나요?)

'지난번에는 대답을 안 하셨나 보군, 이번에도 어렵겠어'라고 생각하던 차에, '띠딩~!' 하고 문자가 왔다.

"Nep, goohago it ssu yo." (네, 구하고 있어요)

사장님이 알려주신 주소로 갔더니, 반 지하로 내려가는 위치에 빛이라고는 조금도 들어오지 않는 어두컴컴한 장소가 나왔다. 거기는 쾌쾌한 냄새가 났고, 사장님은 30대 초반의 젊은 한국 여성분이었다.

"우리 일은, 바와 클럽을 같이 운영하고 있어요. 평일은 바가 되었다가, 주말이 되는 금요일, 토요일, 일요일 이렇게 3일을 클럽으로 운영하고 있어요. 출근은 수, 목, 금, 토, 일 이렇게 하시면 되시고, 수. 목은 일이 없으니, 3~4시간만 하게 될 거고, 주말엔, 저녁 10시부터 아침 10시까지 12시간을 일하시면 돼요. 손님과 직원 모두가 현지인들이라, 영어 공부하기 좋으실 거예요. 복장은 따로 없고, 검은 셔츠만 입고 오시면 됩니다."

이 클럽은 내가 해외 생활하는 중, 제일 재미있게 일했던 곳 중 하나가 되었다. 물론 당시 일기를 뒤져보면, 암울투성이였지만, 기억은 미화된다고 하던가?

거기서 일하면서는 꽤나 좋은 추억이 많았다. 현지 친구들도 많이 생기고, 그들의 문화도 많이 배우고, 그들의 파티에 초청도 하고, 그들의 집에 종종 놀러 가면서, 또 다른 친구를 만들기도 하고, 웬만한 현지인들보다 더 넓은 인맥을 형성했다.

　오죽하면, 얼마 후에 가입한, 페이스 북에서, 나의 친구 목록은, 한국인보다 외국인이 5배는 많아졌다. 그곳은 손님이나 직원을 포함하여, 내가 유일한 아시아 인이었다. 따라서, 생각보다 많은 관심이 나에게 쏟아졌고, 백인 남자, 여자 할 것 없이, 나의 전화번호를 받아 가곤 했다.

　내가 일을 그만두게 되면서, 상당히 많은 친구들이 아쉬워했다. 그중 제일 아쉬워했던 건, Matt(사장님) 이셨다. 나는 그와 꽤나 친하게 지내기도 했고, 한 번 일하면 미련할 정도로 일하는 나의 성질 탓에, 그는 나를 매우 아꼈다. 물론 처음에는 나를 마음에 안 들어 했지만 말이다.

　그는 나보고 말했다.

　"네가 그만두는 것은 우리 회사의 상당한 손실이다. 어떻게 방법을 찾아서라도 계속 일을 할 수 있으면 좋겠구나"

　당시 내가 워크 비자를 신청하기 위해서는 '관리자' 직급으로 취업을 해야 했다. 그래서 나는 제안했다. 내가 이 회사의 매니저가 된다면 계속 일을 할 수도 있다. 그는 곰곰이 생각하더니, 현재 매니저가 있어서 그건 안 된다고 했다. 이제 그와 이별이 확정된 순간이었다.

　'I won't forget you(잊지 않을게~)'라는 말이 하고 싶었다.

　나는 말했다.

　"I won't forgive you!"(용서 안 할거야!)

에피소드3

　클럽에서 일하게 되면서, 나는 유일한 '아시아인'이었다. 거기에는 Andy라고 하는 미국인 바텐더가 있었는데, 굉장히 핸섬하게 생긴 친구였다. 굳이 찾아보자면, 조니 뎁이랑 비슷하게 생겼지만, 실제로 그보다 더 낫다고 생각이 들 정도였다. 그는 노란 머리에, 파란 눈을 갖고 있었다. 상당히 친절하고 성격도 좋았다. 비슷한 나이 또래에 Taron이라는 친구도 있었다. 그는 중국인과 호주인 사이에서 태어난 호주인 이었는데 그 역시, 바텐더였다. 이 친구도 인물이 상당히 좋았다. 그들과 함께 바에 서 있으면, 나 따위는 보이지 않을 듯했다. 그렇지 않아도, 어두운 바에서, 나의 존재감이 없어 보일 것 같았다.

나는 소심하게, 나의 존재를 드러내고 싶었다. 편의점에 들어가서 가장 붉은 색의 염색약을 샀다. 머리가 상하거나 말거나, 염색약은 3.99불이었다. 염색약 사고, 염색을 했더니, 이제 조금 나의 모습이 보이기 시작했다. 빨간색 염색은 머리를 감을 때마다, 혹은 샤워를 할 때마다, 흘러내려, 온몸을 염색했다. 문득 공포영화에서 본 듯한, 피투성이의 모습을 나는 매일 봐야 했다.

주변에 항상 한국인이 많지 않던 나는, 어쩌다 보게 된, 같은 학교의 형이나, 누나들로부터 이런 말을 들었다.

"안 보던 새에 양아치가 되어 가네?

이후로도 나는 계속 머리가 빨간 상태로 해외 생활을 했다. 촌스럽거나 말거나, 나는 머리가 빨개지고 난 후부터, 바 내에서 인기가 많아졌다. 바텐더 보다 팁을 더 많이 받는 날도 있었고, glassy(유리잔 닦기) 일을 하는 나에게 사람들은 바텐더가 하는 일을 시키곤 했다.

바에서 일하다가 냉장고에 술을 채우러 창고로 들어가면, 손님들은 이안을 찾았다. 당장 시내만 걸어도 북적거리는 아시안이 있는데도 클럽에서의 내 입지는 확고했다.

클럽은 일을 오래 하다 보니, 거의 대부분이 단골이라는 사실을 깨 닳았다. 나중에는 웬만한 바텐더 보다 내가 더 고참인 경우가 많아, 손님들은 바텐더

보다 나를 더 많이 아는 상황도 생겨버렸다.

하지만, 가끔은 단골이 아닌, 처음 방문하는 손님들이 있었는데, 나에게 바로 말을 건네고는 했다.

'Where are you from?' 과 같은 상투적인 표현은 바로 건너 뛰고 그들이 제일 처음 하는 말은 이것이었다.

"Gonichiwa!!"

그러면 나는 대답했다.

"No. I am Korean. Say '안녕하세요!!'"

그런 일이 한 번, 두 번 그리고 세 번.. 하루에도 10번이 넘게 그들은 똑같은 방식으로 나에게 인사했다.

나는 생각했다.

'그래, 뭐가 그렇게 중요한가..'

나는 대답했다.

"Gonichiwa."

그러면, 그들은 일본의 음악을 좋아한다거나, 일본 애니메이션을 좋아한다는 이야기를 했다. 그러면 나는 다시 대답한다.

"Sorry, I don't know anything about Japan. I am Korean" (미안한데, 일본에 대해 아는 게 없어요. 한국인이라서요.)

그럼 그들은 다시 나에게 되묻는다.

"Are you Korean? Then Why did you say 'Gonichiwa'?"(한국인이야? 근데 왜 곤니치와라고 했어?)

그러면 나는 대답했다.

"You said 'Gonichiwa' to me first. So I thought you are Japanese" (네가 '곤니치와'

라고 나한테 먼저 하길래, 나는 네가 일본인인 줄 알았지)

이러한 식의 농담은 거의 100이면 100 상대를 웃게 했다. 같은 식의 농담으로 '니하오'도 있다.

사소한 일에 진지해지지 마라. 그거는 내가 갖고 있는 또 하나의 원칙이다. 대화의 목적이 사교라면, 우리는 굳이 상대의 이야기에 기분 나쁠 필요가 없다. 최소한, 유연한 방식으로도 당황스러운 상황을 모면해보자.

나는 영어 문장 중에 가장 좋아하는 말이 있다. 'Why so serious?' 우리는 가끔 별거 아닌 일에 진지해지고는 한다. 생각해보면, 위트 있게 넘어갈 수 있는 일들이다.

춘천 소양강변에서 한 사내는 나룻배를 탔다. 이때, 노를 젓는 이가 처녀 뱃사공이었다. 지루하기도 했던 그는 그녀에게 농을 한마디 건넸다. "여보 마누라, 노 좀 잘 저으소."

처녀 뱃사공은 펄쩍 뛰며 그에게 말했다. "내가 어찌 댁의 마누라요?" 그러자 그는 웃으며 태연하고 능청스럽게 대답했다. "내가 그대의 배에 올라타 있는데, 내 마누라지" 다소 기분 나쁘게 들릴 수 있는 언사였다. 하지만, 그녀는 곰곰이 생각했다. 강을 건너 그 사내가 처녀 뱃사공의 배에서 내렸다. 처녀 뱃사공은 그에게 회심의 한마디를 건넨다.

"잘 가거라. 아들아." 그러자 그녀의 하대에 심히 당황한 그는 다시 물었다. "아니, 내가 어찌 그대 아들이오?" 그러자, 처녀는 웃으며 말했다. "내 뱃속에서 나왔으니, 내 아들이 아니고 무엇이더냐?"

그는 큰 소리를 내며 호탕하게 웃었다. "맞는 말이로고. 하하하, 어머님 만수무강하시옵소서."

이 이야기는 유명한 김삿갓의 이 일화이다. 요즘 시대에서는 당연히 있을 수 없는 농을 던진 그에게 그녀는 위트 있게 대처하였다. 가끔은 살아가다 보면, 말 한마디로, 그날 나의 기분을 망치는 사람들이 있다. 하지만 곰곰이 생각해 볼 때, 우리가 그것을 받아들일 수 있는 마음을 갖는 연습도 충분하게 중요하다. 좁은 연못에 던진 돌멩이는 연못 전체를 출렁이지만, 넓은 호수에 돌멩이를 던진다면, 아주 조그만 출렁임만 일뿐이다.

단단한 몸을 만들기 위해, 고된 훈련을 하면, 예전에는 걷지 못하던 거리를 쉽게 걸을 수 있게 되고, 예전에는 들지 못하던 무거운 물건을 더 쉽게 들게 된다. 우리에게 주어진 상황들에게 상처받지 말고, 훈련하는 것이 좋다.

에피소드4

'이번에는 놓치지 않으리!' 다짐하고 다짐했던 두 번째 크리스마스를 맞이했다. 이번에는 같이 일하던 바텐더의 차로 이동하는 파티였고, 클럽 주인인 Matt의 집에서 파티가 진행한다고 했다. 우리는 일이 끝나자마자, 각자의 차를 타고, 혹은 다른 직원의 차를 타고 Matt의 집을 갔다. 그의 집은 아주 넓은 정원이 있었는데, 깨끗하게 관리했다고 보긴 쉽지 않았지만, 상당히 운치 있었다.

그의 정원에는 이미 바비큐 그릴이 설치되어 있었고, 온 갖 음식과, 맥주, 빵과, 음식들이 있었다. 우리는 거기서 럭비도 하고, 게임도 하면서 놀았다. 한참을 놀다 보니, 해가 너울너울 졌다. 두 번째 크리스마스는 상당히 성공적이었다. 매우 만족했다. 해가 저물고, 우리는 Matt의 집에서 잠을 잤다. 20명 가까이 되는 직원들로 내부는 북적 북적거렸다.

다음날 아침, 장소를 이동한다 했다. 어느 펜션처럼 보이는 곳인데, Matt의 부모님이 살던 곳인 것 같았다. 집은 바다를 따라서 정원도 있고, 매우 넓었다. 앞 마당, 뒷마당에는 시소와, 그네들도 설치되어있고, 개인 정원이라고 하기엔 매우 큰 정원이었다. 건물 안으로 들어가자, 특유의 목재 건축물의 향이 풍겨왔다. 들어가서 오른쪽에는 커다란 냉장고가 3개가 있었다.

얼핏 업소용 냉장고 같은데, 클럽 일 때문에, 생겨났겠지 싶었다. 그 냉장고는 정말로, 환상적이었다. 갖가지 종류의 맥주와, 보드카가 깔끔하게 정리되어 있었다. 그곳을 나와 부엌에 가면 온갖 종류별 빵이 있고, 음료 등등이 있었다. 천국이었다. 사람들은 눈뜨자마자, 아침부터 맥주를 마시기 시작하여, 끊임없이 마셨다.

책 읽으면서 맥주 마시고, 목마르면 맥주 마시고, 카드 놀이하면서 맥주 마시고, 뭐, 아무튼 눈뜨고 눈 감을 때까지 맥주만 마셨다. 그렇게 아주 호화스러운 3일의 파티를 진행했다.

집은 고풍스러웠다. 전형적인 뉴질랜드 식 집이었다. 목재로 지어진 데다가, 방이 상당이 많았다. 서재로 쓰던 방과 거실은 오래된 서적들로 가득 채워져 있었고, 상당히 오래되고 고급스러운 소가죽 소파가 있었다. 나는 그 소파에 앉아 맥주를 마셨다.

'지난번에 제출해주신 이력서를 보고 연락 드립니다. 오늘 면접을 진행하고자 합니다.'

문자가 하나 왔다. 황당했지만, 지금 가야 했다. 나는 같이 술 마시고 있던 마오리와 백인 친구들에게 말했다. 그랬더니, 절대 갈 수 없다며, 극구 말렸다. 나는 이 일을 잡지 못하면, 한국으로 나가야 된다고 말하면서 강하게 밀어붙이자, 그들은 하는 수 없이, 가보라고 말했다. 그러면서, 유리컵 하나를 가지고 왔다. 그리고 그 컵에 '앱솔루트'라고 하는 아주 독한 보드카를 잔에 콸콸 따르더니, 다 마시면 가도 된다고 했다. 그들은 내가 마시지 못할 거라고 확신했던 것 같다. 나는 그들이 따라 놓은 잔을 다 한 번에 다 마시고, 말했다.

"See? I'm going."

일어서서 시내로 들어갔다. 만나기로 한 장소로 갔다. 술기운 때문에 얼굴이 붉어졌다. 만나기로 한 장소를 가니, 40대 중반쯤 되어 보이시는 화장이 진한 한국 여성께서 앉아 계셨다. 가볍게 이런저런 이야기를 하셨다.

나에게 술 냄새가 났을 것이다. 여성분은 나를 아쉬운 눈빛으로 바라봤다. 나는 솔직하게 인터뷰를 했고, 그리고 여성분은 시간을 조금 달라고 했다. 그리고 꽤나 오랜 시간이 지났다.

시간이 흘러서 나는 다른 곳에서 취업이 되었다. 크리스마스 때, 그녀는 그곳을 그만두고 오면, 훨씬 더 좋은 급여에, 관리직을 주겠다고 했다. 이성적으로 생각해보자면, 지금 당장이라도 그만두고 가야 했지만, 시작할 용기보다는 그만둘 용기가 항상 부족한 나는 그냥 내가 하기로 한 아르바이트를 계속하기로 했다.

그리고 6년이라는 세월이 지나고, 나는 그 여성분을 내 직장에서 다시 마주치게 되었다. 나는 꽤나 큰 중견 매장의 지점장이었고, 그녀는 판촉을 하러 온 상태였다. 그녀는 '저희가 어디서 뵈었나요?'하고 물었다. 갑과 을이 교묘하게 바뀐 우리는 상대를 보면서 묘한 느낌을 가졌다. 이유야 어찌 됐건, 두 번째 크리스마스는 나에게 굉장한 의미를 주는 크리스마스가 되었다.

나는 매 순간 운이 따랐다. 어느 지인은 나에게 말했다. '너는 네가 가진 능력보다, 항상 운이 좋은 것 같아' 맞는 말이다. 나는 항상 내가 가졌던 능력보다 운이 좋았던 편이다. 그 이유는 알 수가 없다. 돈이 떨어져 우연하게 들어간 곳에서, 좋은 조건을 계약을 할 수 있었고, 학원 강사로 있을 때는, 너무 빠른 시간에 학생이 늘어났다. 수출을 하기로 마음먹은 지, 3주 만에 수출을 하기도 했다. 내가 왜 항상 운이 좋은 지를 고민해보았다. 나는 단지 닥친 일을 열심히 할 뿐이었다.

미국의 정치가 교육자, 철학자이자, 미국의 제3대 대통령이었던, 토마스 제퍼슨은 이렇게 말했다. "나는 운을 믿는다 그리고 더 열심히 할수록 더 많은 운이 따르는 것을 알고 있다." 그의 말은 일리가 있다. 우리가 살면서, 노력 없이, 운 좋게 성공하는 사례는 많다. 많은 노력을 하고도 실패하는 경우도 물론 있다. 노력하면 성공하고, 노력하지 않으면 실패한다는 등식은 성립하지 않는다. 다만, 노력을 한다면, 성공할 확률이 조금 더 높아질 뿐이다.

에피소드5

유학을 떠나기 전날 밤이 떠오른다. 우리 부모님께서는 상당히 걱정을 많이 하셨다. 군대를 병장으로 전역한 나지만, 자식을 타지로 보내는 일은 부모님께 몇 번이래도 걱정이 되는 일이신 듯했다.

"이것은 소화제고, 이것은 감기약 그리고 이것은 두통약……."

내일 당장 비행기를 타고 떠나는데, 부모님은 이것저것 전날 밤까지도, 빠짐없이 챙겼는지 확인하고 확인하셨다. 정작 나는 아무런 걱정이 되지 않았는데도 말이다. 그러다 나의 여동생 녀석이 나에게 말했다.

"오빠, 외국은 화장품이 좋지가 않데, 내가 샘플 모아둔 게 좀 있으니까, 이거 챙겨가."

여동생과 엄마는 빈 유리병을 하나 꺼내셨다. 그 유리병은 원래 다른 스킨이 들어가 있던 로션인데, 그 병을 깨끗하게 씻고는 새끼손톱만 한 화장품 샘플을 그 빈 유리병에 모아 담았다.

꽤나 오랜 시간을 모아 담았나 싶다. 얼마 지나지 않아 나는 잠에 들었다. 그렇게 모여진 로션을 대충 가방 속에 쑤셔 넣었다. 내가 들고 다니던 커다란 캐리어 가방의 앞쪽에 주머니 형식처럼 달린 곳에 넣었다.

그리고 장작 12시간이 넘는 비행을 했다. 가방은 어떻게 되던 상관없었다. 내 몸이 만신창이가 되어버리는 듯한 느낌을 받고, 가방은 그저 짐짝이었다.

'이리쿵, 저리쿵.'

비행기에서 내리고서도 한참을 그 짐짝을 들고 돌아다녔다. 드디어 집에 도착했다. 너무 피곤한 나는 일단 씻기로 했다. 위에서 쏟아져 내리는 샤워 물줄기는 더러운 땀과, 노폐물을 나의 피로와 함께 씻어 내려주었다. 방으로 돌아왔다. 문득 잊고 있던 로션이 생각이 났다.

투명한 유리병에 담긴 하얀색 로션. 가방에서 그것을 꺼냈다. 꺼냈을 때는 멀쩡해 보였다. 그리고 그것의 뚜껑을 살짝 열자, 뚜껑과 유리병의 목 부분이 부러져 있는 것을 확인했다. 문득, 내가 잠이 든 사이, 밤새, 샘플 몇 통을 빈 통에 털어 넣은 동생과, 엄마의 모습이 떠올랐다. 이것을 그냥 버리면, 안 된다. 확신이 들었다. 나는 샤워 후 땅기는 피부를 진정시키기 위해서, 그 유리병을 왼쪽 손에 털어 넣었다.

'턱, 턱.'

입구가 넓어진 유리병은 내가 생각했던 것보다 많이 쏟아져 나왔다. 아무렴 어떠리, 피부가 더 좋아지겠지. 나는 왼손에 한 가득, 덜어져 있는 유리병의 하얀 로션을 오른손으로 덮고, 손을 비볐다. 그때였다. 마법 같은 일이 벌어졌다. 분명 하얀색 로션이었는데, 손에 덜어놓고 비비자, 아주 예쁜 핑크색으로 변했다. 정말이지 신기했다. 그리고 몇 번을 '턱, 턱' 손뼉을 치고, 얼굴을 바르려고 가는 순간, 손바닥이 심하게 가려워지는 것이 느껴졌다.

손바닥은 간지러운 건지, 뜨거운 건지, 아픈 건지 모를 느낌이 났다. 그리고 손을 자세하게 보자, 유리에 베인 나의 손바닥에서 빨간색 피가 뚝뚝 떨어지는 것을 보게 되었다.

유리병이 깨지면서 로션과 유리 파편이 섞인 이 로션이, 나의 손바닥을 상처 내고 피를 내는 동안, 나는 비비면 분홍색으로 변하는 한국 화장품 업계의 기술을 감탄하고 있었던 것이다.

내가 발견하지 못하고 얼굴을 비볐으면 어땠을까? 끔찍하기만 하다. 나는 손에서 뚝뚝 피를 쏟아내며, 하얀색 로션을 당일로 버릴 수밖에 없었다. 이러한 바보 같은 재미있는 에피소드를 어젯밤, 동생과, 엄마가 들었으면, 배를 잡고 웃을 일이지만, 한국으로 연락할 수가 없었다. 가끔은 재미있는 에피소드가 생겼을 때, 주변에 말할 곳이 없음에 씁쓸할 때가 있다.

언제 어디서나 즐겁고 슬픈 일을 공유할 사람들이 곁에 있다는 것은 행복이다. 당신이 해외에 나가 있던, 한국에 있던, 당신의 이야기를 재미있게 들어줄 사람을 곁에 두어라. 그리고 그들에게 재미있는 이야기를 들려주는 것보다, 더 중요한 것은, 그들의 이야기를 더 재미있게 들어주라.

에피소드6

내가 해외로 나갔을 때만 해도, 나는 한국인이라는 자부심이 하늘을 찔렀다. 한국 가수들이 한류로 전 세계를 강타하고 있다는 뉴스가 매일 같이 떠들어 대고 있었고, 한국인 남자를 좋아하는 외국인 여성이 많다는 기사와, 그 밖에 한국이 세계적인 국가가 되었다는 둥, 여러 가지 매스컴에서 다루는 한국에 심취해, 약간의 자뻑이 들어가 있었다

절반은 맞고 절반은 틀린다는 사실을, 내가 외국문화를 깊게 알게 되면서 깨달았다. 한 번은 내가 한국어와 영어 언어 교환을 하기 위해, 현지 여대생을 만날 기회가 있었다. 그녀는 금발머리가 길게 내려오고, 피부는 하얗다 못해 투

명했다. 전형적인 백인 여자 하면 떠오르는 그런 이미지의 외형을 갖고 있던 그녀였다.

나는 그녀 외에도 꽤나 많은 한국어 과외를 하던 터라, 능숙하게 첫 번째 수업을 진행하기에 앞서서, 가벼운 인사와, 농담을 주고받으려던 참이었다.

"What's the reason why you've studied Korean?"

(한국어를 공부하는 이유가 뭐야?)

그녀는 눈동자를 왼쪽 위를 향하더니, '음~'하고 소리를 내었다.

그리고 대답했다.

"I really like Japan and Japanese cultures. So, I'd like to travel to Japan someday, but it's pretty much expensive so, I had to choose chipper one"

(나는 일본과 일본 문화를 매우 좋아해서, 일본에 언젠가 여행을 가고 싶어, 그런데 꽤나 비싸서, 싼 거를 선택할 수밖에 없었어)

나는 대놓고 그런 말을 하는 그녀의 무례를 용서할 수 없었다.

그리고 대답했다.

"Wow, That's pretty much same reason as I did. Going to Australia is very expensive so, I choose here too.

(와! 그거 나랑 비슷한 이유네~ 나도 호주 가는 게 비싸서 여기로 왔거든)"

그녀의 표정은 굳어졌다.

조선시대 순조 11년에 홍경래는 서북인을 관직으로 등용하지 않는다는 조정의 정책에 반감을 가졌다. 그리고 탐관오리들에 대해서 분개하기 시작했고, 이윽고, 이는 평안도 용강에서 반란으로 표출되었다.

홍경래는 민심의 불평에 대해서 잘 인지하고 있었으며, 동지들을 잘 규합하여, 이 반란은 가산, 박천, 곽산, 태천, 정주 등지를 파주지세로 휩쓸어가며 군

사적 요새지인 선천으로 쳐들어갔다. 그리고 그곳에서 가산 군수는 비참한 죽음을 맞이하게 된다. 한편 '김익순'이라는 관직이 높은 선천의 방어사가 있었는데, 그는 군비가 부족하고, 전세가 이미 기울어져, 돌이킬 수 없음을 낙심한다. 그러던 사이, 겨울이 되어, 날씨는 추워졌고, 술에 취해 잠을 자고 있던 그는, 습격하는 반란군에 의해 잡혀서 항복하게 된다. 이 사건은 높은 관직에 종사하고 있던, '김익순'과 그의 가문에게 큰 치욕적 사건이었다. 그리고 시간이 흘러서, 반란이 평정이 되고, 그 사건을 빌미로 '김익순'은 3월 9일 사형을 당한다.

그리고 꽤나 많은 시간이 흘렀다. '김병연'이라는 인물이 영월 읍내의 동헌 뜰에서 백일장 대회가 열렸다. 그곳에서 병연은 '논정가산 충절사 탄김익순 죄통우천' (論鄭嘉山 忠節死 嘆金益淳 罪通于天)라는 시제를 받고서, 시상을 떠올렸다. 그는 젊었고, 충의로웠다. 그는 충절의 죽음에 대한 찬양을 아낌없이 쏟아 내며, '김익순'의 불충과, 그가 지은 죄에 대해서, 만 번을 죽어도 마땅하다고 탄핵했다. 그리고 그는 이 백일장에서 장원을 하였다. 그리고 집으로 당당하게 돌아갔다. 그는 집에 돌아가서는 어머니로부터 충격적인 이야기를 들었다.

"아들아, 네가 오늘 만고의 역적으로 몰아 세워, 욕을 퍼부은 선천 방어서 '김익자'는 너의 할아버지 존함이란다."

병연은 너무나 기가 막힌 현실에 말문이 막혔다. 그는 하늘을 떳떳하게 바라볼 수 없음을 깨닫고, 삿갓을 쓰고 다니며 방랑의 길을 떠나기로 결심한다. 그가 우리가 알고 있는 김삿갓이 삿갓을 쓰고 다니는 이유이다.

우리가 앞에서의 내용에서 배워야 하는 것은, 나의 입으로 뱉어진 말 한마디가 언젠가는 자신을 위협하는 비수로 돌아올 수 있다는 사실이다. 아리스토텔레스는 비난을 피하는 아주 쉬운 방법으로 다음과 같이 말했던 적이 있다. '아

무 말도 하지 않고, 아무런 행동도 하지 말고, 나 자신이 아무 존재도 아닌 것처럼 하면 된다.'

에피소드7

내가 Kumar라고 하는 인도 친구를 만난 건, 홈스테이를 나와, 플랫으로 독립하면서부터이다. 보통 새로운 친구가 만들어지는 과정은 플랫 메이트로부터 시작한다. 많은 한국인 유학생, 어학연수생들은 그것을 잘 모르지만, 나는 그것을 매우 잘 이해했다. 내가 그의 집으로 들어가 살았을 때, 나는 매우 좁은 방에, 중국계 말레이시아 친구와, 이탈리아 계 아르헨티나 친구와 셋이서 방을 쉐어 해서 살았다.

그때는 마침 내가 일을 네 탕을 뛸 때였는데, 밤 10시부터 아침 10시까지는 클럽에서 일을 하고 1시부터 2시 반까지 아파트 청소를 하다가, 3시부터 6시가지 Grammar School을 청소하러 다녔다. 시간이 불규칙해서 잠을 잔다기 보다, 하루 종일 졸면서 산다고 보는 게 맞았다. 어떤 날은 정원 정리도 하게 되면, 잠을 거의 안 자고 넘어가는 날도 생기다시피 할 정도였다.

그러다 보니 내 플렛 메이트들은 나를 없는 사람 취급했다. 잠자는 모습은 거의 본적도 없고, 당연히 밤에는 아예 없으며, 낮에 가끔 와서 잘 때 그들은 집에 없었다.

내가 그런 생활을 반복하자, 요리를 해먹는 것은 사치가 되었다. 그냥 바나나, 귤 따위 등을 사놓고 껍질만 벗겨 먹는 정도로 요기를 했다. 그러다 보니, 먹는 것을 항상 침대 밑에 숨겨 두었었는데, 어느 날은 Kumar로부터 연락이 왔다.

"We got an inspection tonight."

(오늘 밤, 집 청소 점검 있어!)

나랑은 상관없는 일이었다. 나는 집에 들어가지도 않으며, 집에서 아무런 행동도 하지 않고 잠만 잔다. 따라서 나는 청소할 필요가 없다는 것이 나의 생각이었다. 기껏 해 봐야, 화장실이나 샤워실이나 좀 해야지 싶었다.

혹시나 나에게 청소 일거리를 주면, 싸울 각오도 하고 있었다. 그리고 Kumar는 이번 점검이 모두 파리 때문에 일어난 일이라고 설명했다.

너희 방에 파리가 너무 많아!

많은 생각이 들었다. 나는 침대 밑에 있는 과일 껍질을 잽싸게 버리고는 그날 밤 열심히 청소를 했다.

내가 옳고, 그들이 틀렸다는 생각은 내가 잊고 있는 사실을 확인하기 전까지, 확신을 갖고서 하게 된다. 그리고 우리는 상당히 많은 부분을 잊고 살아가고 있다.

에피소드8

오디션이라고는 생각도 안 했다. 아는 동생이 노래방에서 노래를 부르고, 상금을 준다고 해서 참가 신청서를 냈다. 며칠이 지났다. 참가 날짜가 나왔고, 참가 순서가 정해졌다. 뭐가 됐던 재미만 있으면 되지 싶은 마음으로, 취소하고 싶지 않았다. 언제 겪어 보랴.

우리는 약속된 장소로 나갔다. 분위기가 이상했다. 노래방에서 하는 것이 아니라, 굉장히 큰 무대에서 해야 했고, 관중들이 꽤나 많았다. 심지어 참가자들은 상당히 신중하게 참가하는 모습이었다. 긴장해 하는 모습과, 열심히 연습하는 모습..

안내자는 우리에게 말했다.

"늦게 오셔서, 연습실을 같이 쓰셔야 될 것 같아요."

우리는 같은 방으로 몰아졌다.

연습? 무슨 연습?

우리는 그냥 도망 나가는 방향으로 할까? 말까를 고민했다. 옆방에서 들려오는 목소리들이 난생처음 듣는 천상의 음성들이었다.

나는 제안했다.

"그래, 기왕 이렇게 된 거, 하자! 근데 딱 분위기를 보니까, 어설프게 잘 부르려고 하다가는 꼴이 우스워질 것 같고, 기왕 이렇게 된 거, 웃음 코드로 가자"

첫 번째 순서로 어떤 남자가 나와서 노래를 불렀다. 누가 봐도 가수를 해야했다. 두 번째로 내 친한 동생이 나갔다. 나름 재미나게 흘러갔다. 세 번째, 네 번째 참가자가 거듭되면 될수록, 나는 확신이 들었다.

"그래.. 될 때로 되라!!"

나는 안경을 벗고 나갔다. 눈에 뵈는 게 없어 한결 쉬웠다. 사회자와 농담 따먹기 좀 하고, 막 춤 좀 추고 나니, 이제 참가자도, 사회자도, 나도, 관중들도, 모두 내가 나온 목적을 인지한 듯했다. 대충 노래를 부르고 내려왔다.

우리는 인기상을 받았고, 50불 바우처를 받았다.

그리고 일주일 후, 그 동생 녀석은 군 입대를 위해 귀국했고, 나는 2회 MC 제안을 받았다. 그리고 거절했다.

에피소드9

내가 해외 취업이 되기 전, 그리고 신용카드를 발급받기 전, 내 수중에는 고작 몇 불도 안 되는 돈이 남았을 때, 나는 어쩌면 자포자기 심정이었을 수도 있고, 내 운을 시험해봤을 수도 있다

클럽 일을 마치고 올라오는 길, 머리가 노란 백인 여성들이 파란색 옷을 입고 무언가 열심히 사람들에게 이야기하는 모습이 보였다. 딱 보기에 대학생 정도로 되어 보이는 그들을 사람들은 외면하면서 가고 있었다. 나 또한 그 길을 지나가야만 했다.

나는 왜 그랬을까? 딱히 남을 돕고 싶은 생각도 없었고, 오히려 내가 누군가의 도움을 받고 싶었다. 나는 그들이 내미는 종이에 서명하고, 나의 개인 정보를 기입했다. 참 인생이란 건 알 수 없는 것이다. 끝이라고 시작한 지점이 시작점이 되기도 하고, 시작점이라고 시작한 지점이 끝이 되기도 한다. 나는 아마도 마침표를 찍고 싶었는지도 모른다.

'될 대로 되라.' 항상 모든 걸 체념하고 나면, 또 다른 문이 열린다. 몇 주 후, 나는 보기 좋게 취업이 되었다.

내가 서명한 종이는 유니세프 정기 후원이었다. 매달 3만 원씩 꾸준하게 빠져나가는 후원. 그 후 나는 일에만 집중할 뿐 내 잔고에 얼마가 들어가고 나가는지는 신경 쓰지 않았다. 아니 어쩌면 신경 쓸 필요가 없었다. 꽤나 좋은 조건으로 일을 하고 있었기 때문이라는 것이 그 첫 번째 이유요. 두 번째 이유는, 내가 이 나라에 살면서 큰 욕심이 없어졌다는 것이 두 번째 이유였다. 내가 절실하게 필요하지 않은 돈이 누군가에게 절실하게 필요하다면, 그 값어치는 절댓값을 초월한다는 생각이 들었다.

Chapter 3

현지 취업, 자리가 사람을 만든다

해외취업을 하다

학위가 나오자, 현지에 더 머물 수 있는 비자(Job search visa)가 나왔다. 2년짜리 비자였다. 졸업 후, 그 나라에서 일을 구해서, 할 수 있도록, 구직 기간 동안 체류할 수 있게 주는 비자였다. 내가 그 비자를 사용할 수밖에 없었던 이유는 단순했다. 다시 돌아갈 비행기 표를 살 돈이 없었다. 모든 일은 내가 잘 풀리기 위해 존재했다는 자기 망상을 갖고 있었다. 이 또한 기회 일 거라는 믿음을 가졌다.

학위를 받는 일보다도 중요한 일은, 당장, 다음 주에 머물러야 할 방의 렌트비 때문이었다. 또한 식비도 필요했다. 렌트비는 한 주에 150불 정도가 들어갔다. 몇 주 전부터 계속해서 학교 수업 시간과 겹치지 않도록 있는 아르바이트 자리를 구했다. 일을 구하는 것은 어렵지 않았다. 하지만, 정확하게 학교 수업 시간은 피하면서 일을 구해야 했다. 기존에 다니는 아르바이트와 시간이 겹쳐도 안되었다. 풀 타임 아르바이트를 하기에는 학교를 시간과 맞지 않았고, 더 시간이 넉넉하거나, 돈을 많이 주는 자리는, 바로 취업이 안됐다. 악순환이 시작됐다. 한 번에 8시간짜리 일을 하는 것이 아니라, 1시간짜리, 3시간짜리, 2시간짜리, 이렇게 나눠져서, 각기 먼 거리인 일을 해야 했다. 일과 일 사이에는 어설프게 시간이 남았다.

자기도 애매하고, 깨어 있기도 애매한 시간. 짧게는 30분 길게는 1시간 정도씩 비었다. 실제 일하는 시간에 비해, 비효율적이었다. 기어코, 잠을 줄이지 않으면, 안 되는 수준까지 이르렀다.

그러던 어느 날이었다. 정확하게 기억은 나지 않지만, '부활절'이었던 것 같다. 부활절 날 휴무를 해야 했다. 남들은 쉬게 되어 좋아했지만 나는 좋아할 수 없었다. 며칠을 쉬고 나니, 스텝이 꼬이기 시작했다. 더 이상 렌트 비를 내기도 벅찬 수준이 되었다. 나는 아파트에 들어가 있는 보증금(본드 비)을 받기 위해 이사를 해야 했다. 그리고, 한번 펑크 나기 시작한 돈은 쉽게 메꿔지지 않았다. 수중에는 135불이 남아 있었고, 그 돈 중 130불로 마지막 렌트비를 지불했다. 나의 수중에 남아있는 돈은 5불. 더 처량한 것은 5불짜리 지폐도 아닌 2불짜리 2개와 1불짜리 동전 한 개. 한 주간을 버틸 집은 마련했지만, 말 그대로 굶어 죽을 판국이었다.

그날 5불을 들고 있다가 피시방에서 이력서를 출력했다. 이력서를 출력하고 나니, 더 이상 수중에 한 푼도 없었다. 그날 저녁 클럽을 갔다. 그냥 클럽이 끝나고 나면 먹을 음식도 없었고, 돈도 없었다. 그야말로 절망에 가까운 시절이었다. 우연하게 청소를 하다가 소파 밑에서 5불을 주웠다. 그 뒤로도 클럽 화장실, 소파 밑, 의자 아래에서 2불 1불 5불씩 나왔다. 겨우겨우 주운 돈으로 연명할 수 있는 삶. 누군가는 처량하게 볼 수 있겠지만, 감사한 일이기도 했다. 딱 돈이 다 떨어지게 되면, 클럽 손님들은, "저 일본인이 따라줬으면 좋겠어"라고 말하고 50불을 주기도 했다.

그때부터 나는 사람은 끝에 도달하면 다른 길이 생겨난다는 것에 대한 확신을 갖게 되었다. 실질적으로 어려운 상황에 처해져 있다는 사실을 자각했다. 하지만 이 모든 순간이 나중에 추억이 될 것이 확실했다. 그래서인지 더욱 재미나기도 했다.

이력서를 꾸준하게 출력해야 했다. 이력서를 뽑아야 되는 날은 내가 다니던 클럽 주변을 서성이며 떨어진 동전을 주우러 다녔다. 동전을 주우면 바로 피시방으로 달려가서 이력서를 출력했다.

어느 날은 손님의 클럽 파티가 있었다. 하프 코리안 하프 마오리인 여자아이의 생일 파티였는데 우리 클럽은 생일 파티가 있을 때면, 클럽 반쪽을 통째로 대여해주곤 했다. 당시 나는 한창 일하고 있었다. 갑자기, 'Noel'이라고 하는 매니저가 나를 불렀다. 그는 덩치가 매우 크고 키도 매우 큰 마오리였는데, 삼국지 시대의 '장비'를 그리라고 하면, 딱 떠오르는 얼굴이었다. 손바닥이 웬만한 성인 남성 얼굴 만했다.

그는 나를 부르더니 말했다.

"지금 파티가 끝났으니 저쪽을 정리해줘."

그가 가리킨 쪽을 바라보자, 거기에는 먹다 남은 피자와, 초코 소스가 묻어 있는 딸기, 그리고 케이크 등등이 있었다. 주변에는 아무도 없었다. 당시는 너무 배고픈 시절이었다. 저 많음 음식들을 버릴 수 없었다.

우리나라처럼, 정 갈 데가 없으면 친구를 찾아가거나, 먼 친척을 찾아 밥 한 끼 사달라고 부탁하는 것도 불가능했다. 지금 눈앞에 있는 음식은 내가 배불리 먹을 수 있는 음식들이었다. 나는 가방에 남은 피자를 넣었다. 그리고 딸기를 마구 먹었다.

정말 꿀맛 같았다. 그리고 몇 번의 파티가 더 있었다. 돈이 마침 떨어져서, 끼니를 굶을 만하면, 파티는 성대하게 열렸다. 나는 그렇게 절박한 시절을 보냈다.

클럽 일을 하던 와중에 일을 하다가 안경이 부러졌다. 시력이 크게 나쁘지 않아서 다행이었지만, 사람의 얼굴은 잘 보이지 않았다. 그렇게 몇 개월 동안 안경 없이 지냈다. 안경이 없으니, 오히려 좋은 점도 있었다. 눈에 보이는 게 없으니 웬만한 일에는 자신감이 생겼다.

어느 날은 'Taron'이라고 하는 호주 바텐더가, 케밥을 먹고 있었다. 그러다가 못 먹겠다고 버리려고 했다. 나는 그 모습을 어떤 표정을 하고 쳐다봤는지는 모른다. 하지만, 나와 눈이 마주친 Taron은, 나보고 먹겠냐고 물어봤다.

나는 당연히 먹겠다고 말을 했다. 덥석 받았다. 그리고 허겁지겁 먹었다. 다음날도, 그 다음날도. 그런 일들이 계속 이어지자. Taron은 막 주문한, 새 케밥을 사가지고 와서, 먹으려고 샀는데, 다른 걸 먹어버려서 못 먹겠다며, 나에게 주었다. 나는 그 녀석의 수가 뻔하게 보였다. 하지만 그는 진짜로 배가 부르다며, 먹기 싫으면 쓰레기통에 넣을 거라고 했다. 녀석은 나보다 어렸던 기억이 있는데, 생각이 깊은 녀석이었던 것 같다.

그렇게 그는 수차례 먹지 않을 케밥을 사 왔다. 잠자는 시간은 어쩌면 4시간, 어쩔 땐 아예 자지 않고 넘어가는 날도 생겼다. 유학 막바지쯤에는 스케줄이 꽤나 많이 꼬였다.

낮에는 학교를 가야 했고, 밤에는 클럽을 가야 했다. 클럽은 저녁 9시에 오픈하면 다음날 아침 10시가 넘어서 끝났다. 쉬는 시간도 없었고, 12시간이 넘는 시간 동안 먹지도 못하고 쉬지도 못했다. 쿵쾅거리는 소리에, 번쩍이는 조명에, 정신없는 손님까지, 누구도 내가 쉬고 있는지, 밥은 먹고 있는지 신경 쓰지 못했다. 그건 나 스스로도 마찬가지였다. 한참 힘들 때는, 며칠 만에 몸무게가 20킬로 가까이 빠졌는데, 힘든 이참에 다이어트나 하자, 생각하며 토마토와 녹차만 먹으니, 수 일 만에 20kg 가까이가 빠져버렸다. 샤워를 하다가는 머리카락이 한 움큼씩 빠졌고, 걸어갈 때마다 이빨이 빠질 것 같이 아팠다. 나중에 알고 봤더니, 영양실조 초기 증세라고 했다. 하도 뜨거운 컵을 맨손으로 만지다 보니, 손은 화상을 입어, 지문이 없어졌고, 지문이 없어진 손가락 손바닥에서는 물집이 나고, 퉁퉁 붓고 가려웠다. 이제, 나의 해외 생활이 여기서 끝나는구나 싶은 정점에 도달했다.

자포자기 한 심정으로 은행을 찾았다. 혹시나, 싶었다. 그냥 돈이 들어 있을 수도 있지 않을까? 은행 직원은 졸업한 지 얼마 안 됐다면, 신용카드 발급이 가능하다고 했다. 나는 그 바로 즉시 신용카드를 발급받았다. 한도는 500불이었다.

항상 절벽 끝으로 몰리고 나면, 그 다음 길이 보였다. 나는 신용카드가 발급받은 즉시 햄버거 집을 들어갔다. 세트 메뉴 3개를 시켜 입 속으로 쑤셔 집어넣었다. 먹는다기보다는, 입에 넣고 콜라로 목구멍 안까지 밀어 넣었다는 표현이 맞을 것이다. 노래지던 하늘은, 다시 파란색으로 돌아왔다.

처음 사용하는 신용카드를 두근거리는 마음으로 긁어보았다. '띠딩!' 결제 되었다. 떨릴 듯이 기뻤다. 나는 그렇게 한 달 동안 500불을 사용했다. 그 동안은 이력서를 넣고, 면접을 보러 다녔다. 점점 신용카드 한도가 끝나갔다.

350불. 200불.. 이제 100불 남았다.

나는 자포자기 한 심정으로, 그냥 떨어지면 들어가야지 했던 아르바이트에 가기로 했다. 마음먹었다. 내가 살던 도시로부터 무려 5시간이나 떨어진 곳이었다. 마지막 100불이 남자. 신용카드로 교통 편을 결제하였다. 그리고 도시락도 미리 사두었다. 이제 신용카드의 한도는 '0'원이 되었다.

당장 2일 후면, 새로운 마을로 가게 되었다. 2일간 먹을 식량을 사놓고, 교통편을 사두었다. 내가 하던 꽤나 많던 아르바이트는 마지막 날로 모두 정리했다.

집은 내가 떠나기로 한 전날 계약 기간이 끝나버렸다. 가방 하나 덜렁 들고, 갈 데가 없었다. 잠은 부족했고, 배는 고팠다. 내가 살던 아파트 옆, 피시방으로 갔다.

"하루 종일로 끊어주세요."

나는 컴퓨터도 키지 않고 잠을 잤다. 다음날 아침. 버스를 타고, 5시간을 이동했다. 이동하면서, 미리 사둔 음식과 음료를 마시면서 이동했다. 도착한 시골의 어떤 마을은 깨끗하기도 했지만, 참으로 예전 내가 살던 동네와 비슷한 느낌이었다. 그리고 미리 연락해둔 아르바이트 자리의 가게 안으로 들어갔다.

해외에서의 승진

사장님은 젊었다. 20대 초반이었고, 가게 매니저는 나보다 한살이 많았다. 그들은 나에게 집과, 식비 지원을 해주었다. 돈이 들어갈 곳이 없었다. 그렇게 1주가 흘렀다. 처음 받은 주급은 700불에서 카드 값 500불이 빠져나갔다. 그리고 200불은 안경을 샀다.

아르바이트로 시작을 했지만, 시골이기 때문에 시간도 남았고, 또한, 밤낮으로 쉬지 않고 일하던 습관을 수년을 하다 보니, 밤에 자고 아침에 일어나는 것만으로도 감사했다. 나는 주말이고, 밤이고, 매니저 형을 따라다니면서, 시급을 받지 않고, 매장 일을 도왔다.

아무리 힘든 일을 시켜도, 감사했다. 이 일은 밤에는 잘 수 있었고, 아침 식사와 저녁 식사를 챙겨먹을 수 있었으며, 정기적으로 주급이 들어왔다. 그것 만으로도, 천국이었다. 다른 생각들은 들어오지 않았다. 취업을 하고 한 달이 되자, 계좌는 이제 플러스가 되어 있었다. 한 달을 바짝 모으면 한국 돈으로 220만 원이 조금 넘게 모여 있었다. 식비와, 숙박을 지원해주니, 가끔 내가 사고 싶은 걸 사도, 통장은 항상 200~300만 원씩 남았다. 그것들을 싹 다 모으고, 신용카드에서 500불까지 빼서 한국으로 송금했다. 당시 우리 부모님의 형편이 좋지 않아서, 나는 가끔 맥주를 사는 일을 제외하고는 내가 버는 돈의 90% 이상을 집으로 송금했다. 한 달만 적게 보내면 신용카드를 쓰지 않아도 됐지만, 갑자기 적게 보내면 걱정을 하실까봐 매달 신용카드 한도인 500불을 모두 찾아서 한국으로 송금했다.

몇 개월이 지났을까, 나의 비자가 끝나는 날이 됐다. 나는 당연히 한국에서 내가 하고 싶던 무역 사업을 하고 싶었다. 준비는 마음 하나면 됐다는 생각을 가지고 이미 돌아가서 할 계획을 모두 세워둔 상태였다.

며칠을 앞두고 있는 귀국 날짜로 한국으로 돌아가려고 하자, 사장님과 매니저 형은 나를 불렀다. 아무래도, 우리와 계속 일을 하는 건 어떠냐는 제안이었다. 조건이 상당히 좋았다. 아니, 차고 넘쳤다. 내 또래에 그 정도 조건을 가지고 계약한 친구 대기업을 들어간 친구를 포함해서도 본 적이 없었다. 어쩌면 친구의 아버지들 보다 훨씬 더 좋은 조건인 것 같았다.

나는 이미 하겠다고 마음을 먹었다. 하지만 매니저 형은 내가 갈등을 하고 있다고 생각했는지 다시 말했다.'네가 사업을 하고 싶어 하는 건 알고 있지만, 목돈을 좀 만들어 놓고 사업하는 건 어떠냐.' 2년만 일하고 목돈이 생기면 그때 다시 생각해봐도 좋을 것 같지 않냐. 그러면서, 내가 들었던 조건에 다른 조건을 더 얹어 주었다. 상상도 못 해본 돈이다. 하지만 나는 물었다.

"근데 이미 비행기 표는 끊어 놨는데요?"

그러자 형이 말했다.

"이왕 비행기를 끊어놨으니, 일주일 휴가로 생각하고 돌아와라".

그렇게 나는 본의 아닌 해외취업에 성공했다. 그리고 5년 가까이 되는 그 회사에서 일을 하며 부 매니저에서 매니저로 승진했다.

최고의 선택

현지에서 지점장으로 계약을 하고, 1년짜리 무급 휴가를 받았다. 무급휴가 처음 몇 주는 고향인 제주에서, 오래된 친구들도 만나고, 가족과도 시간을 보냈다. 얼마 지나지 않아, '제주'에서의 생활이 지루해 짐을 느꼈다. 조금 더 넓은 인생을 경험해 보고 싶었다.

비가 많이 내리는 날이었다. 책가방 하나만 달랑 메고, 제주공항으로 갔다. 제주공항에는 사람이 많이 붐볐다. 내가 떠나기 전까지 확연하게 차이가 생겼다. 나는 많은 사람들을 비집고 들어가, 비행기 티켓을 끊었다. 잔고가 꽤나 있는, 체크카드 한 장을 들고, 숙소도 잡지 않은 채, 서울행 비행기를 탔다.

가슴이 두근거렸다. 앞으로 펼쳐질 새로운 미래에 대한 기대가 머리 속으로 그려졌다. 공항에서 내리자마자, 고민 없이 택시를 잡았다.

"아저씨, 일단, 강남으로 가 주세요."

택시 기사님은 기분 좋은 목소리로 알겠다고 말하고는 여러 가지를 물었다. 강남 어디로 가야 하는 지? 왜 강남으로 가는지? 어디에서 오는 건지?

시골에서 오래 자라고, 해외 생활을 길게 하다 보니, 무언가 북적거리고, 새로운 것들을 접하고 싶었다. 비가 오는 날이었다. 아무 고시원이나 들어갔다. 샤워실과 침대가 불과 한 뼘으로 붙어 있는 숙소. 나는 문화 충격을 받았다. 생각보다 많은 젊은 이들이, 그 곳에서 생활하고 있었다.

나는 닥치는 대로, 일을 벌였다. 이것 저것 해보고 싶던 것들을 했다. 그러다, 한국에서 취업도 해보기로 마음먹었다. 그리고, 해외구매대행 회사에서 지금의 아내를 만났다. 그리고 그 이후, 우리는 즐거운 시간을 보내며, 시간이 가는 줄도 몰랐다. 내가 아내를 만난 건, 서로 과자를 주고 받는 11월 11일 이었다. 그때 내가 선물했던 인형과, 과자를 제외하고, 내가 정식으로 선물을 했던 건, 다름 아닌 '율마 나무' 였다.

율마 나무의 꽃말은 성실함과, 침착함이다. Wilma라는 나무는 주변을 정화 시키고, 함께 있는 사람을 차분하게 만들어준다. 나중에 아이를 나으면 꼭 '율마'의 '율'자를 따서 이름을 짓자고 약속을 하였다.(그렇게, 지금 쌍둥이의 이름은 '하율'과 '다율'이다) 한국에서는 여러 가지 고마운 일들을 겪었다. 만 1년이 조금 지나, 나는 뉴질랜드로 돌아갔다.

뉴질랜드로 돌아가서, 아내와는 장거리 연애가 계속되었다. 나는 뉴질랜드에서 책 한 권을 구매했다. 책은 여백이 많은 Wish라는 분홍색 책이었다. 아내가 바라는 바를 꼭 이루라는 뜻에서 앞장에 글을 써서 한국으로 보냈다. 그리고 몇 일 뒤, 그녀는, 내가 쓴 글 다음 장에 자신의 편지를 써서, 다시 뉴질랜드로 보내왔다. 그 책은 그 뒤로도 수 십 번을, 뉴질랜드와, 한국을 오가며, 채워졌다. 얼마 후, 양가의 허락 아래, 아내를 뉴질랜드로 불렀다. 그리고 얼마 지나지 않아, 아내와 함께 한국에서 살기로 결심했다.'

제주로 돌아왔다

많은 일들이 있었다. 결정적으로, 와이프를 만났고, 미래를 함께 결정하기로 했다. 무엇을 하던 항상 운이 좋은 편이기 때문에 걱정이 되지 않았다. 나는 모든 일을 정리하고, 와이프와 함께 살기로 결정했다.

제주공항에 돌아오니, 한 여름 밤, 꿈처럼 짧은 10년의 세월이, 내 것이 아닌 것처럼 느껴졌다. 나갈 때와 들어올 때, 똑같은 나였지만, 나는 그때의 나보다, 언어 능력도 갖고, 좋은 경력도 있는 청년이 되어 있었다. 누가 뭐래도, 나는 영어를 할 줄 알고, 이제는 대세가 되어버린 제주도에 있다는 것은 새삼, 모든 일에 다시 감사한 마음을 주게 했다.

갑자기 문득 하고 생각이 들었다. '영어와 제주도를 접목시키면 어떻게 될까?'

나의 부모님과 친척분들은 모두 농업에 종사하고 있다. 곧 농사와 영어가 접목되면 좋을 것 같다고 생각을 했다. 멋진 일이긴 하지만, 그보다 앞서 내가 해야 할 것이 있었다. 그것은 당연히 최소한의 밥벌이였다. 이리저리 일을 알아보았다. 우연한 기회에, 학원에 면접을 가기로 했다. 원장 선생님은 나에게 말했다.

"수업은 선생님 재량입니다. 저희는 관여하지 않는 걸 원칙으로 하고 있고요. 학생 한 명당 수업료의 절반을 인센티브로 제공해 드릴게요. 20명이 되기 전까지는 기본급도 제공하겠습니다."

이 원장 선생님의 마인드가 참으로 멋있었다. 당장 하겠다고 말했다. 급여 조건은 매우 좋았다. 기본급으로 나오는 급여가, 웬만한 직장인 만큼 나왔는데 20명이 넘어가면, 그 이상을 지급해주는 방식이었다. 수업은 많으면 일주일에 4번 적으면 2번만 했다. 처음 석 달 동안은, 거의 하루 2시간씩, 일주일 두 번만 출근하고도 급여를 받아 가기도 했다.

교실에는 이제 막 초등학교를 졸업한 여학생 하나가 앉아있었다. 무뚝뚝한 표정의 아이는 '어디 한 번 해보세요.' 하는 표정으로 앉아 있었다. 그 전날부터 밤새 준비해 놓은 대본이 있어서 안심이 되었다. 혼자 연습해 보았을 때, 적당히 중간에 쉬는 시간도 주고 하면, 2시간이면 딱 맞을 것이라고 생각했다.

수업은 준비한 대로 움직이지 않았다. 학생은 지루해 하기 시작했고, 나는 어려운 영어 문법 용어에 소름이 돋기 시작했다. 부단한 연습과, 준비를 계속했다.

학생은 한 명에서 시작하였다. 6개월이 지나자 원생이 30명 가까이로 늘어났다. 반을 쪼개고, 다시 쪼개기를 반복했다. 학원은 나날이 학생이 늘어갔다. 학원에 입사하고 나의 강의를 듣는 학생은 거의 줄지 않고 늘기만 했다. 내가 특별한 걸 가르치는 게 없는데도 불구하고, 아이들의 점수는 꾸준하게 올라갔다.

학원을 정리하기 몇 달 전, 나는 주 2회 수업만으로, 아주 흡족한 급여를 받아 갔다. 첫 수업의 긴장함은 지금도 잊히지 않는다. 단 한 명의 학생을 앞에 두고, 나는 교실 앞에 서서, 생소해져 버린 영어 문법 용어를 설명했다. 수업 시간인 2시간은 영원처럼 느껴지고, 학생의 눈빛 하나에도 마음대로, 주눅이 들었다. 어떻게 하면, 애들과 친해질까? 어떻게 하면, 재미있게 할 수 있을까를 고민하다가, 결론에 이르렀다.

그것은 내가 영어가 늘었던 결정적인 이유를 떠올려보는 것이다. 내가 영어를 늘었던 결정적인 이유가 무엇이던가? 이 책을 읽고 있는 많은 이들은 언어에 관심이 많을 것이다. 그리고 이제 나올 나의 결정적인 이유에 대해서 궁금해할 것이다.

하지만 실망스럽게도, 내가 영어가 늘었던 결정적인 이유는 없다. 단지 시간이 해결해 준다는 것이다. 이는 지나가는 시간을 그저 흘려 보내다 보면, 저절로 해결된다는 말이 아니다. 나는 영어 공부할 때, 가장 중요한 것은, '그것에 미쳐 있으면 된다.'라고 생각한다. 그 말인즉, 밥을 먹을 때는, 무조건 할리우드 영화를 켜 놓고, MP3 음악에는 팝송만 흘러나오게 하며, 잠을 잘 때도, 영어가 흘러나오는 미드를 틀어넣고 잤다. 밤에는 영어로 일기를 쓰고, 혹시나 혼잣말을 할 때도, 영어로 하려고 해보았다. 현지 TV와 뉴스를 보고, 서점에서 내가 좋아하는 책을 원서로 사서 보기도 했다. 혹시나 한국 예능이나, 한국 TV가 보고 싶을 때는 영어 자막을 켜놓고, 소리를 끄고 보았다.

이 중 어떤 것이 나의 영어 향상에 결정적인 영향을 미쳤는지 알 수 없다. 하지만, 분명한 건, 24시간 자는 시간까지 영어에 노출되기 위해 부단하게 노력을 했다는 것만은 분명하다. 이런 노출이 하루가 되고 이틀이 되고, 3일이 되면, 나는 남들처럼, 도서관에서 문법책을 붙들어 잡고, 공부하거나, 날 잡고, 인터넷 강의를 보거나 하지 않았지만, 언제부터 인지 모르는 때부터, 귀가 트이고 입이 트였다.

지금 지나고 보면, 나의 그런 마음가짐은 참으로 좋았다. 영원할 것 같던 수업 시간은 지금은 기억도 나지 않은 짧은 순간이 되어버렸고, 지금은 커다란 준비가 없어도, 수업하는데 큰 문제가 없다. 또한 수많은 사람들 앞에서 강연하는 것에도 긴장이 되지 않고, 남들과 이야기할 때는 언제든 꺼낼 수 있는 이야기보따리와, 대중의 눈치를 한 번에 눈치채는 기술도 생겼다.

나의 인생에는 버릴 것이 단 하나도 없다. 이렇게 쓰면, 이렇게 좋고, 저렇게 쓰면 저렇게 좋다. 남들이 버리는 쓰레기까지 꼼꼼하게 재활용하여, 다시 쓰일 수 있도록 준비한다. 지금은 안 좋은 일이 생길 때면, 이 이야기를 어떻게 책으로 꾸며 쓸 수 있는 좋은 소재로 만들지 고민한다.

'우리는 1년 후면, 새하얗게 잊어버릴 번뇌들을 간직해 내느라, 무엇과도 바꿀 수 없는 소중한 지금을 허비해 버리고 있다. 소심하게 굴기에 인생은 너무 짧다.', 데일 카네기의 말이다.

내가 좋아하는 말!

요즘은 광고 카피나 다양한 책으로부터 가슴을 움직이는 문구나 말들이 많이 나온다. 하지만 내가 가장 좋아하는 말은 다소 '고전'스러운 말들이다. '천 리 길도 한걸음부터', '시작이 반이다.' '낙숫물이 바위 뚫는다.' '기록은 기억을 지배한다.' 등이다

아무리 더 멋진 말을 떠올리려고 하지만, 이만한 말은 거의 없다. 생각해보면 당신은 어떤 일에 목표를 두고 있고, 그 목표는 성공을 향해 가기도 하고, 실패를 향해 가기도 한다. 너무 가까운 곳에서는 숲을 볼 수가 없듯, 우리가 하려는 일에 너무 빠져 있느라, 우리는 커다란 흐름을 놓치는 경우가 있다.

한 걸음만 뒤로 물러서서 보자면, 우리의 목표에 도달하기 까지는 딱 세 가지의 부분이 있다는 것을 알 수가 있다. 그것은 단순히 말해, 시작, 중간, 끝이다.

우리는 시작과 중간을 지나 끝을 가게 되면, 우리의 목표는 도달하게 된다.

당신이 갖고 있는 어떤 생각에 대해 시작하라. '시작이 반'인 이유는 의외로 많은 사람들은, 자신이 가진 생각을 시작하지 않기 때문이다. 시작하는 법은 간단하다. '천 리 길도 한 걸음부터' 지금 당장 행동할 수 있는 단순한 움직임부터 행해라. 그러면 시작의 단계를 통과한 것이다.

'낙숫물이 바위 뚫는다', 사람들은 반전을 좋아한다. 힘없는 나라가 대국과의 전쟁에서 승리하는 것에 희열을 느끼고, 평범한 회사원이 슈퍼 히어로가 되어 지구를 구하는 것에 환호한다. 학창시절에는 벼락치기로 점수를 올리는 것을 부러워하고, 어른이 되면, 하루아침에 돈벼락을 맞거나, 갖고 있던 주식이 수 일 만에 폭등하기를 기다린다. 하지만, 살면서 느끼는 것 중 하나는, '낙숫물이 바위 뚫는다.'였다.

매일 아침 5개, 저녁 5개씩 외국어 단어를 외우면, 어느 외국어를 막론하고, 1년이면 3,650개를 외울 수 있다. 아침 5개, 저녁 5개는 매우 쉽다. 하지만, 우리는 하루 100개 단어 암기라는 터무니없는 목표를 설정하고는 수 일 만에 포기한다. 매일 아침 10분, 저녁 10분씩 글을 쓴다면, 1달이면 10시간이라고 하는 시간을 글을 쓰는데 집중할 수 있다. 하지만 우리는 날을 잡고 하루 3시간씩 주 1회라는 목표를 세운다. 그리고는 포기해버린다. 기껏 해서 달성해도 그것은 한 달이면 겨우 10시간을 넘는다.

영국의 시인이자 극작가 겸 비평가인 '존 드라이든'이 했던 말처럼 처음에는 사람이 습관을 만들지만, 나중에는 그 습관이 사람을 만든다. 나는 그 말에 매우 공감한다. 하나의 좋은 습관을 만드는 데는 엄청난 노력이 들어간다. 나는 유학시절부터 지금까지 한 번에 해야 할 일들이 많았었다. 클럽 일을 하면서, 학교 공부를 해야 했고, 한국어 과외도 해야 했다. 스케줄은 일정치 못했기 때문에, 스케줄 관리를 하지 않으면, 곧 해야 할 일들을 잊어버리곤 했다. 그렇게 형성된 습관들은, 내가 한번이 다양한 일들을 하는데 큰 도움을 주었다. 그리고 모든 과정은 기록에 의해 정리된다. 그러고 나면, 결과가 도출된다.

'영국으로 수출 가능한 선과 공장인데, 학원은 오후에 하니, 오전에 아르바이트로 잠시 도와줄래?

학원 일이 너무 잘 풀리는 와중, 나의 이모부께서 선과 공장을 운영하신다는 사실을 듣게 되었다. 그리고 이모부는 나에게 제안하셨다. 학원 일을 하면서, 선과 공장에서 수출을 할 수 있게 일을 하면 어떨까 생각은 해왔었다. 입 밖으로 하지 않은 나의 생각이지만, 이렇게 바로 제안이 있을 거라고 생각을 안 했다.

나는 바로 다음 날부터 수출선과 공장 사무실에서 일을 시작했다. 오전에는 공장에서 일하고, 오후에는 개인 사업을 하나 시작했다. 그리고 그것이 끝나고 저녁이 되면 학원을 나갔다. 첫날, 혼자 사무실에서, 나는 누구의 지시도 받지 않고, 해야 할 일을 찾아야 했다. 처음 시작한 일은 컴퓨터를 켜고, 구글 웹에 들어가는 일이었다. 내가 유학할 때 교수님을 찾아갔던 그 기억이 떠올랐다. 전략적으로 접근하는 것보다는 무대뽀 들이밀기 식으로 진행하는 게, 맞을 때가 있었다. 많은 다른 사람들이 바이어를 찾기 위해 부단한 노력을 하고 있었지만, 나는 그저 검색을 하는 방식을 사용했다. 그리고 거기에 있는 이 메일에 글을 보내기 시작했다.

'때로는 단순한 것이 답이다.'

정말이지 엄청나게 많은 바이어들의 답장 메일이 쏟아져 내려왔다. 노다지였다. 여기저기 일단 재고 따질 것이 있던가? 고민할게 무엇이 있는가. 전부 다 엑셀에 넣었다. 수 백 개도 넘었다.

그리고 그들에게 하나하나 각기 상황에 맞는 글을 써서 다시 메일을 전송했다. 며칠이라는 시간이 흐른 것도 아니다. 몇 시간이 지난 것도 아니다. 얼마 지나지 않아 답변이 오기 시작했다. 퇴근하기 전에는, 답장해야 할 글들이 가득했다.

나는 수출에 대해서 잘 모른다. 검역이나 국가 간의 협약에 대해서도 잘 모른다. 다만 내가 알고 있는 건, 비즈니스라고 부르는 건, 일종의 장사이고, 장사는 물건이 필요한 사람에게, 물건을 갖고 있는 사람이 대금을 받고 넘기는 행위였다.

그것이 전부이다. 복잡한 국가 간의 협약이건, 관련 법이건, 둘째 치고, 일단은 물건을 가지고 있어야 하고, 필요한 사람을 찾아야 했다. 그리고 나는 그 두 가지를 모두 했다. 한 단계를 저지르면, 두 번째 단계가 올 것이다.

많은 바이어들이 생겼다. 나는 바로 가격 협상을 하고 거래 방식을 찾았다. 어렵지 않았다. 그러고 나니, 검역과 관련된 문제가 생겼다. 학원에서 퇴근하면, 항상 회의를 해야 했다. 바이어 현황부터 시작해서, 가격 협상의 경우의 수까지 모두 계산했다. 마케팅과 라벨의 크기를 모두 정했다. 당시는 학원 학생들이 시험기간이라, 해야 할 일들이 더 많았다. 또한, 개인적으로 해야 할 일들도 너무 많았다. 기존에 갖고 있던, 스케줄 관리법이 없었다면, 동시에 3~4가지의 일을 진행하는 것이 정말 힘들었다고 느껴질 시기였다. 위험에 가까울 정도의 일을 저질러 놓고서, 그것들을 처리해 내는 것은 저절로 시간과의 싸움이 되었다.

17세기 프랑스의 모럴리스트인 '라 브뤼에르'는 시간에 대한 많은 이야기를 했다. 그중 '시간을 서툴게 쓰는 자가 우선 그것이 짧다고 불평한다.'라는 말은 내가 이후, 학생들에게도 많이 사용 정도로 공감하는 말이었다. '백수가 과로사 한다.'라는 말처럼 잠을 많이 자는 사람이 잠이 부족하고, 돈을 많이 버는 사람은 돈이 부족한 경우가 많다. 학생들을 가르치다 보면 항상, 내어준 과제에 대해 '시간이 부족해서 못했다.'라고 말한다.

나는 그들의 시간 사용법에 문제가 있다고 판단했다. 그래서 학생들에게 새벽 6시에 일어나, 인터넷 개인 방송을 켜서 함께 공부해 보자고 제안했다. 와이프는 어린 학생들에게 너무 과한 것을 요구하고 있다고 했지만, 자율적 참여를 하는 것으로 진행했기 때문에, 괜찮을 거라고 말했다. 학생들은 6시에 참여하라고 했고, 나는 4시에 방송을 접속했다. 여차하면 3시 반에 키기도 했다. 최소 나도 못하는 일을 해보라고 하고 싶지 않아서였다. 실제로 참여율은 매우 저조했고, 참여하는 아이들도, 접속하고 바로 자거나, 스포츠를 보거나 하는 식이었다. 열심히 하고 있는데도, 점수가 나오지 않는 이유를 찾았다.

내가 찾은 바이어 중에서, 그나마 제일 가까운 곳은 싱가포르였다. 우리는 우선적으로 싱가포르 바이어와 거래를 시작하기로 했다. 바이어와 나는 전화 통화도 수 차례 했고, 메일은 수 십 차례 주고받았다. 영어 메일은 내가 걱정했던 것과는 다르게, 비즈니스 메일의 형식을 취할 필요도 없었고, 굉장한 용어가 필요하지도 않았다. 그저 장사의 기본인, 물건 가격 크기에 대한 의사소통을 할 정도만 있어도 되었다. 더 이상 글로 대화하는 것은 어렵다고 판단했다. 그들이 실제 존재하고 있는 회사인지 확인도 필요했다. 나는 물었다.

"We can come and visit there if you want."

나는 학원 수업 때문에 주말 밖에 시간이 되지 않았다. 그래서 바이어와 미팅은 당일로 잡았다. 그리고, 그 주 주말에 싱가포르 행 비행기 티켓을 끊었다. 내가 어떤 일을 겪을 때마다, 물어볼 누군가가 없는 것은 항상 답답했다. 그래서, 묻지 않고 상황을 맞이하기로 했다.

나는 유학을 하면서 굉장히 많은 고민을 하고 살았다. 내가 겪는 일들에 대해서는 물어볼 누군가가 없었고, 나의 이야기를 들어주며 상담을 해줄 사람도 매우 적었다. 그때마다, 누군가에게 삶의 방향에 대해서 항상 묻고, 답을 들어보고 싶었지만, 내가 하는 선택들은 항상 주변에서 겪어 본 적 없는 일들이었다. 이런 선택을 할 때면, 나를 다잡는 말은 항상 이런 것이었다. '내가 물어볼 데가 없다는 것은, 내가 가는 길이, 최소 나의 주변에선 내가 처음이라는 것을 의미하고, 그것은 곧 내가 다녀간 길이, 누군가의 길라잡이가 될 수 있고, 나는 그 자리의 리더가 되어가고 있다는 것을 의미한다. 그러한 사실을 되새기면, 다시 한 발자국을 움직일 힘이 생기고는 한다.

살면서, 치열한 순간이 몰아쳐 오기도 하고, 다시 잠잠해지기도 한다. 나폴레옹은 1769년에 태어나, 1821년 사망했다. 그가 산 인생은 50 남짓했지만, 그는 위대한 정복자로 알려져 있다. 그는 짧은 인생을 살면서, 굉장히 많은 업적을 이루었다. 그가 시간에 대해 남긴 말은 매우 인상 깊다.

'우리가 어느 날 마주칠 불행은 우리가 소홀히 보낸 지난 시간에 대한 보복이다.'

싱가포르로 떠나다

싱가포르행 비행기를 탔다. 주중에는 학원을 가야 하기 때문에 토요일 저녁에 출국해서 일요일 저녁에 도착하는 당일 치기였다. 당연히 이코노미였다. 제주에서 출발해야 하기 때문에, 비행기는 제주에서 인천으로 한번, 인천에서 싱가포르로 한번 2번을 타야 했다.

비행기를 탔다.

가슴이 두근거렸다.

비행기에서 뉴질랜드에서 구매한 맥북 에어를 켰다.

거기에는 미리 준비해놓은 회사 소개서와, 상품 소개서 그리고 감귤과 한라봉 샘플 사진 등등이 영어자료가 준비되고 있었다. 몇 날 며칠 밤을 새워가며 만든 자료들이었다. 한참을 컴퓨터를 두들기다 보니, 비행기는 이륙 준비를 했다. 비행기가 떴다. 커다란 집채가 굉음을 내며 날아가는 듯했다. 내가 국제선 비행기를 비즈니스를 하기 위해 타게 될 거라 기대해 본 적이 없었다.

수출 준비를 하면서 힘들었던 건, 아이들 수업 자료도 같이 만들어야 했기 때문이었다. 다른 선생님들과 달리 나는 모든 문법책과, 독해 예문을 직접 만들었다. 프레젠테이션으로 스토리 있는 이야기도 짰다.

달의 미스터리라든지, 아이들이 좋아할 만한 소재를 찾아서 그걸 번역했다. 이렇게 하니 수업은 참 재미있었지만, 다만 준비하는 데 수십 시간이 걸렸다. 하물며, 그런 와중에, 수출을 떠난다는 건, 나로서는 참 대단한 일이었다.

'덜 바쁘면 잡생각이 많아진다.'는 나의 철학에 따라 생각 없이 바쁘게 살았다. 어느덧 바쁘게 두 가지 일을 처리하다 보니, 비행기는 착륙 준비를 했다. 온몸에 피가 혈관을 돌다가 엉덩이에서 정체되는 느낌이 들었다. 비행기는 땅을 두어 번, 스치면서 바닥으로 안전하게 착륙했다.

'이곳이 싱가포르라는 곳이구나!'밀림 가운데 도심이라고 하면 딱 어울리는 곳이었다. 식물은 아주 초록이고, 이 도시는 아주 도시다웠다.

드디어 싱가포르에서 내렸다. 후덥지근한 날씨는 덥다고 표현하기는 부족했다. 습기가 가득한 사우나에 둘러싸여 있는 느낌이었다. 싱가포르 공항은 생각보다 넓지 않았다. 구조 또한 단순했다. 우리가 어디로 가야 하는지는 명확했다. 내리자마자 이제 곧 있을 회의 시간이라는 사실이 우리를 독촉했다.

싱가포르에 도착하면, 오른쪽 끝에 있는 에스컬레이터를 탔다. 에스컬레이터는 꽤나 길게 밑으로 내려간다. 뉴스에서 보던 북한의 지하 벙커 같은 느낌이 드는 깊이로 내려갔다. 실제라기보다 나의 심리상 그렇게 느껴졌다.

그 길을 쭉 내려가고 나니. 바로 길로 이어졌다. 지하철이 시내로 연결되어 있었다. 생각보다는 깔끔하게 시내로 들어갈 수 있는 구조였다.

지하철로 들어가기 위해 교통카드를 구매했다. 안에 들어가서 지하철을 탔다. 지하철은 언뜻 우리와 비슷해 보였지만, 지하철 밖으로 보는 풍경은 참으로 달랐다. 획일화된, 같은 모양의 집이 깔끔하게 정돈되어 있었다. 빨간색 지붕에 하얀 벽, 적도의 나라답게 나뭇잎이 매우 푸르름을 자랑하는 식물들과 조화롭게 배치되어있었다. 아주 조그만 공간도 허투루 쓸 수 없다는 듯 모든 시설이 정돈되고 배치되어 있었다.

사람들은 모두 가벼운 티셔츠 하나에, 가벼운 바지를 입고 있었다. 우리나라 사람들처럼 옷이 화려하거나, 화장이나 머리 스타일에 신경을 쓰지 않았다. 처음에는 이해를 못했다. 남자, 여자, 젊은 사람, 나이 든 사람 할 것 없이 가벼운 티셔츠만 입고 있었다. 다음 정거장에서 문이 열렸다. 싱가포르의 기온이 온몸으로 부딪쳐졌다. 왜 그들이 저런 복장을 하고 사는지 이해되기 시작했다.

가려는 목적지는 거의 지하철의 종점 부근에 있었다. 숙소도 예약하지 않고 바로 돌아가는 비행기를 타야 했다. 그래서, 캐리어를 끌고, 바로 약속된 회사 본사로 들어갔다. 땀에 젖은 옷에 꼬질꼬질 얼굴에는 기름이 피어나 있었다. 머리는 새집을 하고 눈은 퉁퉁 부어 있었다.

이렇게 큰 회사 일 거라곤 상상도 못했다. 1층에서 고개를 들어서 보면 끝이 보이지 않았다. 현대식 투명 유리로 지어진 이 건물은 굉장히 큰 회사인 듯했다. 꼬질꼬질한 지금의 나의 상태와 많이 다른 느낌의 회사였다.

잠도 자지 못하고 씻지도 못했다. 건물 외벽 감상은 나중에 하기로 했다. 일단 굶주린 배를 얼싸 안고, 회사 앞에 있는 햄버거 집에 앉았다. 가볍게 식사를 하고 커피 한 잔을 마신 뒤, 화장실로 향했다. 화장실에서 머리를 감고, 세수와 양치질을 했다. 거울을 보니, 몰골이 참 볼만했다. 그리고도 약속 장소에서 꽤나 오랜 시간을 기다렸다. 나는 캐리어에 넣어두었던, 정장으로 갈아입었다. 다시금 가방에서 맥북 에어를 켰다. 비행기에서 두들기던 자료가 아직 덜 완성

됐다. 물론 회의의 내용도 다시 한번 검토해야 했다. 손에는 회사 소개서 영문 버전과, 품목 리스트, 중요하다고 생각해두었던 메모들 등 파일 철 서 너 개를 함께 쥐고 있었다.

햄버거 집에 앉아서 무료 와이파이를 이용했다. 대략적인 내용을 검토했다. 땀이 났다가 식었다 가를 반복한다. 건물 근처를 가면, 냉장고같이 냉방시설이 돌아갔고, 밖으로 나가면, 찜통 같은 날씨였다. 찜통과, 냉장고를 번갈아 가는 듯했다. 몸에서 불쾌한 냄새가 나는 듯했다.

한참을 기다리니, 굉장히 젊어 보이는, 키 큰 중국인 남자가 우리 쪽으로 걸어오는 것을 볼 수 있었다. 그는 마른 체형에 검은 테의 안경을 쓰고 있다. 머리는 생머리로, 상당히 젊어 보였고, 깔끔한 차림으로 우리를 맞이했다. 주말인데도 불구하고 출근하게 한 것이 너무 미안했다. 그는 말했다.

"You are Ian, right?"

오래 기다리다, 갑작스럽게 인사 해오는 탓에, 어리버리 정신이 하나도 없었다. 캐리어며, 옷이며, 맥북이며, 서류 뭉치들을 대충 포개어 그를 부랴부랴 쫓아갔다. 얼빠진 이등병처럼 정신없이 움직이는 나의 모습이 보였다.

"주말에 굳이 회의를 하게 해서 미안해요. 우리가 일정이 딱 오늘뿐이라서요."

그는 괜찮다고 말하며, 사원증을 이용해 커다란 빌딩으로 들어가는 입구의 문을 열었다.

엘리베이터를 탔다. 엘리베이터는 매우 깔끔하고 컸다. 언뜻 보기에도 상당히 고층 건물의 고층으로 올라가는 듯했다. 끝없이 올라가던 엘리베이터는 어느 층에 멈추었다. 마치 영화 속 좀비의 도시처럼, 건물 안은 불이 꺼져있고 조용했다. 우리는 통 유리로 된 회의실로 안내 받았다.

굉장히 큰 사무실이었다. 자리에 앉자마자 나는 마음이 급해졌다. 간단한 악수와 같은 정식 인사를 서로 했다. 나는 들고 있던 서류 더미들과, 노트북을 책상 위에 포겠다. 그리고는 웃으며 가벼운 인사를 했다. 회사 소개서 1장과, 상품 설명서 1장을 넘겨주었다. 그리고 준비했던 프레젠테이션 파일을 실행시키면서 첫 운을 뗐다.

'First, I'll tell you about our company products'(일단 우리 회사 상품에 대해서 먼저 말할게요.)

하지만 젊은 바이어는, 우리와 같은 판매자를 꽤나 많이 접해본 듯했다. 친절하지만 단호한 말투로 말했다.

"대략적인 소개와 설명은 보내주신 메일로 받아봤습니다. 바로 비즈니스 이야기를 하시죠."

그들은 원하는 규격과 상품이 확실하였다. 회의는 상당히 오래 진행되었다. 계속 이야기를 하자 어느 순간부터는 정체기가 생겼다. 그쪽의 원하는 바도 알게 되고, 우리가 원하는 바도 이야기를 하였다. 머릿속에서는 예상한 것과는 많이 다른 식으로 회의는 흘러갔다. 우리는 결국 결과 도출에 실패했다. 같은 이야기만 되풀이하는 상황이 생겼고, 곧 돌아가야 할 비행기 시간이 되었다. 더 이상 우리 쪽에서 할 말도, 해야 할 것도 없었다. 우리가 준비했던 가격과, 상품에 대한 설명도 끝났다.

"일단 서로의 이야기를 잘 알게 되었으니, 각자 입장을 정리해서 다시 이야기하는 편이 좋을 것 같네요."

회의를 마칠 때는, 서로 굳어져 있던 회의 중의 분위기에서 풀려, 웃으면서 헤어졌다. 싱가포르 시내로 들어갔다.

싱가포르 시내는 사람이 매우 북적거렸다. 서울이 사람이 많다고 하지만, 여기는, 정말 어느 곳을 가던 사람이 북적거렸다. 모든 비즈니스가 활발하게 진행되고 있는 듯해 보였고, 모든 사람들이 바쁘게 사는 듯했다. 여기저기 마트를 돌며, 사진 몇 컷을 찍고 과일 몇 가지를 사 먹어 보았으며, 숙소로 돌아가기 직전에는 야외에 테이블이 있는 바에서 맥주를 시켜 마시면서, 바이어와 함께 맥주나 한잔하자고 초청할 참이었다. 맥주를 마시면서 전화를 걸었더니 전화는 받지 않았다. 주말인데, 일하는 것도 모자라 나와서 같이 술 한잔하자면 기쁠 것 같진 않았지만.

간단하게 맥주를 한잔하고는 곧바로 다시 한국 행 비행기에 몸을 실었다. 당일치기로 비즈니스 여행을 마치고 집으로 돌아왔을 땐, 얼마 후 바로 수업이었다. 나는 쉬지도 않고, 집에서 샤워를 하고 학원으로 갔다.

수출 준비

수출 준비는 순조로웠다. 일단, 일차적으로 샘플을 보내기로 했다. 첫 샘플 양은 40피트 컨테이너로 하나가 나갔다. 이것이 샘플이라니 황당했다. 첫 거래 이다 보니, 결제에도 신경이 쓰였다. 아무래도, 조금 무례하긴 하지만, 서로가 어느 정도의 믿음을 갖고 비즈니스를 해야 할 것 같다고 말했다. 우리는 무조 건 현금 거래를 해야 한다고 했다.

보통은 신용장 거래를 하지만, 우리는 거래처 사장님의 화통 한 성격 탓에, 대금의 50%를 선 지급받고, 물품 생산을 시작했다. 대금 지급을 받자마자, 선 과 공장에 불이 들어왔으며, 열심히, 과일을 선별하여 포장했다. 40피트짜리 컨테이너를 하나 다 채우고, 검열 관계도 모두 마쳤다. 무역업에 관심이 있는 사람들은 알겠지만, 그들이 물건을 받기 위해서는 B/L이라고 하는 서류가 필요 했다. 나는 그것을 며칠 전 보내줬다. 하지만 문제가 발생했다. 내가 보낸 서 류가 도착하지 않았다는 것. 상대 바이어는 아주 다급하게 나에게 국제전화를 걸어왔다. 그리고 우리는 수차례 꽤나 오래 이와 관련된 이야기를 했다. 결국, 그들은 B/L을 찾았고, 물품을 인수받았다.

싱가포르, 그 성공적인 수출

2차 미팅은 수출이 이루어지고 난 뒤에 했다.

이번에는 호텔을 예약했다, 이번에도 주말을 이용했고 하루 내지는 이틀 정도 있다가 오는 일정으로 잡았다. 며칠 사이에 싱가포르 공항을, 두 번이나 오자, 이곳이 제주 공항인 것 마냥, 마음이 편했다. 지난번과 똑같은 루트로 공항을 빠져 나와 지하철을 탔다. 지하철을 타고나서 문득 생각이 들었다.

'생각해보니, 여기 Jason이 사는 나라구나.'

Jason에게 우리의 바이어 명함을 사진 찍어 보여주며 물어봤다.

'너 혹시 여기 알아?'

Jason은 대답했다.

'당연하지, 싱가포르에서 제일 큰 매장인데?'

이번에는 본사가 아닌, 하청업체 사장의 고장으로 향했다.

지하철을 조금 타다가, 우리는 택시를 탔다. 택시를 타고 어느 부분을 지나서, 명함을 받은 곳의 주소지에 도착했다. 그곳의 공장은 생각보다는 규모가

컸다. 아니 많이 컸다.

공장을 들어가고 요리조리, 건물 안을 들어가고, 화물 엘리베이터를 타고 들어가고, 골목으로 들어가기를 반복하니, 명함에 적혀 있는 상호의 사무실과 창고, 포장실이 나왔다. 직원들은 우리 쪽을 쳐 다도 보지 않고 일을 했다. 사무실 칸을 노크했다. 피부색이 조금 거뭇한 뚱뚱하고 키가 작은 아주머니가 나왔다.

"Who are you?" (누구에요?)

불친절한 말투의 아주머니가 묻자, 살짝 당황했다. 영어에도 존댓말이 있다. 상대는 나를 존대하지 않았다.

"I have a meeting with your boss." (사장님 뵈러 왔는데요.)

라고 말했다. 그녀는 곧 전화를 했다. 얼마 지나지 않아, 사장님은 안 나오시고, 10대 후반? 많아도 20대 초반으로 보이는 아주 어려 보이는 중국계 청년이 나왔다. 굉장히 자신감 있는 눈빛에 말투 또한 똑 부러졌다. 우리는 그가 사장을 대신하고 있다는 것을 알아차렸다.

직급이라고 따로 물어보진 않았지만, '부장' 정도 되어 보이는 듯했다. 혹시 사장의 아들이 아닐까 추측했다. 이런 일을 맡기에 그가 너무 어려 보였던 탓이었다.

공장과 사무실을 둘러보고는 작업장을 갔다. 우리가 출력한 라벨이 붙어있는 포장 팩에 우리 감귤이 들어있었고, 그들은 수출 중 비품에 대해 다시 재포장을 하고 있었다.

정신이 없었다. 우리는 다시 사장 그리고 어린 부장과 다시 미팅을 가졌다. 우리는 물었다. 상품의 시장 반응은 어떠냐고 했다. 40피트짜리가 왔는데 3일 만에 소진됐다고 한다.

반응이 매우 좋지만, 가격을 내려주면, 우리와 거래를 진행하겠다고 했다. 일단 대답을 보류하고 좋은 분위기에 그쪽에서 주는 음료수를 마시며, 간단한 이야기들을 주고받았다. 대략적인 사업 이야기가 끝나고 우리는 그들과 인사를 했다.

그 젊은 청년의 차를 타고 시내로 갔다. 우리는 시내 곳곳을 돌아다니며 시장조사도 하고, 물품을 사보기도 하고 먹기도 했다. 그리고 우리가 수출한 제품이 진열되어 있음에 뿌듯해하며 몇 팩을 사보기도 했다. 신기했다.

숙박하기로 한 숙소로 돌아왔다. 숙소는 생각보다 좋았다. 에어컨은 건물인 어느 곳을 들어가도 빵빵하게 나왔다, 창을 사이에 두고 저 밖은 후덥지근하고 안은 항상 시원했다.

숙소 근처를 돌았다. 돌아다니면서 걷고 또 걸으며 그 나라를 느꼈다. 뉴질랜드에서도, 호주에서도, 한국에서도, 그리고, 이곳 싱가포르에서도, 나는 낯선 곳을 가게 되면, 내 발로 그 지역을 모두 돌아본다. 그래야, 나는 그곳을 나의 고향처럼 맘 편하게 지낼 수 있었다. 내가 발로 걸었던 그 지역은, 내 마을인 양, 지금도 구석구석 선명하다.

시내로 나갔다. 시내는 정말 눈이 돌아갈 만큼 화려하고 웅장했다. 예전 제주 촌놈이 강남 대로를 처음 걸었을 때 느꼈던 감정과 비슷했다. 굉장히 넓고 큰 시내였다. 그곳에서 맥주를 시키고 한잔 시켰다. 시원한 맥주의 탄산이 식도를 타고 넘어갔다. 드디어 수출이 성공했음이 실감이 났다.

돌아오는 길, 공항, 표를 끊으러 줄을 섰다. 좌석을 설정하려는데 동남아 계열의 한 여자 직원이 앉아 있었다. 좌석 선택을 해야 하는데 어디가 좋겠냐고 물었다.

나는 문득 예전에 이탈리아 친구가 해준 말이 기억에 남았다. 안내해주는 분이 비즈니스로 업그레이드해주는 권한을 갖고 있다는 이야기였다. 나는 말했다.

"바이어를 만났습니다. 비즈니스가 성공적일 것 같아요. 매우 기분이 좋네요. 좌석은 앞자리라면 참 좋을 것 같습니다. 그나저나, 눈이 참 예쁘다는 이야기를 자주 듣나요?"

우리는 싱가포르에서 돌아가는 동안, 비즈니스 좌석에 앉아, 수출 성공을 곱씹었다.

머리를 정리하라!
명상 생활화하기

우연한 기회에 명상에 대해 관심을 갖게 되었다. 책의 앞 부분에 소개했던, John과 시간을 보낼 때면, 우리는 항상, 잔디밭 공원에 앉아 명상과, 기에 관련된 이야기를 했다. 우리라고 표현하기는 했지만, 실질적으로 나는 일반적으로 듣는 입장이었다. 처음에는 탐탁지 않은 이야기였다. 무언가 종교적이기도 하고, 괴짜 같아 보이기도 했다. 하지만 친한 친구였고, 그가 너무 진지한 태도로 나를 대하고 있었기 때문에, 나는 관심 있는 척하면서, 괜히 주제를 돌리곤 했다.

그렇게 시작된 명상은 나이가 들어선 지금이 되어 매우 관심 높은 분야가 되었다. 우리가 알다시피 스티브 잡스는 제대로 된 명상법을 공부하기 위해 젊은 시절 인도에 갔으며, 페이스북 창업자인 마크 저커 버그나 오프라 윈프리, 유발 하라리 등 각 분야를 대표하는 세계의 리더들은 모두 명상을 습관화하고 있다. 명상이라는 말 자체가 흔히 종교적으로 많이 사용하다 보니 그 의미가 약간 심오하게 받아들여지게 되는 경향이 있으나, 한자로 명상(冥想)은 깊을 '명'

자에 생각할 '상' 자를 쓰고 있다. 冥에는 깊다. 어둡다.라는 뜻이 있다. 영어로는 meditation 가운데 중심을 의미하고 있다.

심리학적으로 보자면 명상이라 함은 마음의 고통에서 벗어나 아무런 왜곡이 없는 순수한 마음의 상태로 돌아가는 것을 실천하는 것이라고 정의한다. 즉 다시 말하자면 아무런 왜곡이 없는 순수한 마음 상태로 돌아가는 행위를 모두 명상의 범주에 들어간다. 가부좌를 틀고 손을 무릎 위로 올린 후 눈을 감고 경건한 마음으로 허리는 90도로 펴는 등의 행위를 우리는 명상이라고 정의한다. 하지만 흔히 우리가 인지하는 명상의 개념을 떠나 모든 것이 명상이 된다.

우리의 머릿속에는 아주 수많은 감정과 생각들이 매우 복잡하고 빠르게 흘러간다 그것들은 서로 얽히고설키면서 머릿속을 어지럽힌다. 이 모든 일은 자신이 인지하던 인지하지 못하던 언제나 그리고 어디서나 지금 이 순간 어디에서도 일어나고 있는 일이다. 정작 자신의 주변에 '부장님이 화가 나셨나?', '선생님의 기분이 좋은가?'를 살피면서 정작 본인이 어떤 표정과 어떤 감정을 하고 있는지 숨은 어떻게 쉬고 있으며 어떤 기분과 생각을 갖고 있는지 남을 살피듯 살펴보지 않는다

'아 배고프다.', '이번 달 카드 값은 어쩌지?', '이번 주 시험 결과가 나오는 날인데', '부모님과 요즘 사이가 안 좋은데' 등등.

회사 부장님 눈치를 살펴보듯 나를 살펴보아라. 나는 긴장하고 있는지, 슬퍼하는지, 기뻐하는지 그 호흡과 심장 뛰는 소리와 표정 목소리에 신경을 쓰자. 나는 어떤 표정과 어떤 호흡을 하고 있으며 어떠한 목소리를 내고 어떤 생각과 감정을 갖고 살아가고 있는가? 우리가 얻고 싶은 것을 얻게 해주는 것은 부장님이나 선생님 부모님도 아니라 나 자신이다. 그들을 살피는 것도 중요하지만, 그들보다 나 자신을 더욱 살펴야 자신의 삶이 행복해진다

좋은 선택을 내리기 위한 좋은 습관 : 명상
왜 명상을 해야 하는가?

내가 John에게 명상을 배우며, 당시 안 되는 영어로 상당히 심도 있는 이야기를 했다.

만유인력의 법칙이 있다. 1666년 영국의 뉴턴은 '우주의 모든 물체 사이에는 두 물체의 질량의 곱에 비례하고 두 물체 사이의 거리에 제곱에 반비례하는 인력이 작용한다.'라고 정의했다

만유인력 $(f) = GmM/r2 =$ 두 물체의 질량의 곱 / 두 물체 간의 거리의 제곱

시크릿의 끌어당김의 법칙을 이야기하기에 앞서 이미 350년 전 뉴턴이라는 천재 과학자에 의해서 모든 물체 사이에는 인력이 존재하며 이는 상호 질량과 거리에 영향을 미치고 있다고 정의했다

하지만 지구가 사과를 향해 떨어지지 않고 사과가 지구의 중심을 향해 끌어당겨지는 것처럼 보이는 것은 중량이 큰 물체가 중량이 더 작은 물체를 끌어당

기고 있기 때문이다

즉 다시 말해 우주 상의 모든 만물은 물체 인력 중력이라고 하는 인간의 사회학적 과학적 정의에 의한 어휘를 제외해볼 때 '어찌 됐건 존재하는 모든 것은 눈에 보이건 보이지 않건 막론하고 서로 끌어당기고 있다.'는 말이 된다

사과를 끌어당기려면 지구라고 하는 더 커다란 중량이 필요하고 지구를 끌어당기려면, 중량이 더 커다란 태양이 필요한 것과 같다.

원하는 것의 중량보다 나의 중량이 더 크다면 원하는 것은 나에게로 끌어오게 된다. 뉴턴이 수학적 과학적으로 정의한 그 법칙이다. 그렇다면 왜 나는 매일 같은 것을 원하는 게 끌려오지 않는가 그리고 그것은 명상과 무슨 관계가 있을까

우리가 모두가 알고 있지만 무거운 상자를 들기 위해서 우리는 오른발 왼발 왼손 오른손을 이용하여 온 힘을 집중해서 한가지 물체를 들어 올린다. 그런데 오른쪽으로는 사과를 집어먹고 발로는 축구공으로 차며 머리는 좌우로 세차게 흔들고 있는 상태에서 상자를 들어보라고 하면 아마 힘들 것이다. 우리가 가지고 있는 한정된 에너지를 여러 가지 스트레스와 잡념에 분산시키면서 아무리 끙끙 앓듯 힘을 쓴다 하여도 정작 우리가 쏟아 붓는 힘에 비하여 주어지는 힘은 상대적으로 약해지게 된다.

뉴턴의 법칙에 의하면 생각의 질량을 키워서 그 생각의 질량이 원하는 것의 질량을 넘어설 때마다 그것은 이 둘 간의 거리의 제곱에 반비례만큼 끌려오게 된다. 즉, 돈이 필요하다면 돈 근처에 있어야 수월하고 차가 필요하다면 차 근처에 있어야 수월해진다.

내가 아프리카에 있는데 아무리 눈사람을 기다린다고 해서 눈사람이 제 발로 걸어오지 않는다. 질량의 힘이 강하지 않는다면 거리를 좁히는 것도 수월하

다.

명상은 그런 역할을 한다. 양손에 온갖 잡념을 놓지 않고서 그저 내가 원하는 것만, 마구 되새기는 것은 어떠한 것도 끌어당길 수 없고 어쩌면 그것에 의해 끌려 다니게 된다.

'돈, 돈, 돈'이라고 많은 사람들이 바란다. 그런데 사피엔스 저자인 유발 하라리의 표현에 따르면 '돈'이라고 하는 관념은 인간 사회를 구성함에 있어 추상적인 관념을 정의하기 위해 구축한 일종의 상상 속 질서라고 표현한다 우리가 '돈을 벌고 싶어요.'라고 아무리 기도를 해봐야, 인간이 사회 질서를 유지하기 위해 임의적으로 정의해 둔 음성, 문자 암호인 돈이라는 관념이 우주에 존재하기 만무하다.

세상에는 밝음과 어둠이 있고 차가움과 뜨거움이 있고 가장 기초적인 정의에 의한 자인 질서는 크게 2분법으로 분류가 되어 있다. 굳이 따지자면, '돈'이라고 하는 정의는 본래, 긍정과 부정 풍요화 빈곤으로 분류될 때, 풍요와 긍정 쪽에 서야 맞을 것이다. 그것이 우리가 긍정적이어야 할 필수적인 이유가 된다.

벤츠가 타고 싶다가 아니라 벤츠를 탔을 때의 그 느낌을 가져라.

130년 전 인간이 정의 내린 벤츠라고 하는 브랜드 즉, 상상의 질서를 137억 년이 넘은 우주에 대입 시키는 건 너무나도 바보 같은 일이다.

그것 외에도 중요한 것은 집착을 버리는 것이다. 스티브 잡스나 빌 게이츠, 마커 주커버그, 워렌 버핏 이런 인물들의 특징은 항상 같은 옷을 입고 항상 같은 식사만 하는 단순하면서도 검소한 생활을 한다는 점이다.

우리 주변에 '돈, 돈, 돈 하는 많은 사람들은 어째서 돈을 끌어당기지 못했을까? 앞서 언급한 부호들은 돈을 위해 필사적이지 않았다. 빌 게이츠 스티브 잡스도 그들은 돈을 벌기 위해 살지 않았고 그들의 꿈 또한 세계적 거부가 아니었다.

'그런데 그들에게 왜 돈이 끌려갔을까?' 나는 이렇게 생각한다. 매력적인 사람에게 끌려간다고. '나는 매력적인 사람인가?'

돈, 주식, 신용, 관계. 이런 것은 우주가 만들어낸 창조물이 아니다 이들은 단지 인간의 역사에서, 그 사회적 체계와 질서를 유지하기 위해 만들어나 사회적 상상물일 뿐이다. 이러한 것은 우주가 아니라 인간 심리와 연관성이 있다. 인간의 심리라 하면 단순하다. 매력적인 것에 끌린다는 것이다.

나에게 목숨을 걸고 집착하는 것에는 매력을 느끼지 못한다. 오히려 질려버린다. 해답은 더 간단하다 그것들이 끌려올 수 있는 매력적인 사람이 되면 된다.

생각을 정리하고
본인을 컨트롤 할 수 있는 방법

바른 자세가 아니라도 좋고, 장거리 운전 중에도 좋고 시끄러운 버스 안에서도 좋다. 더러운 화장실도 좋고 샤워기에서 물이 떨어져 나오는 샤워 중에도 좋다. 잡념을 없애라. 그리고 원하는 것을 떠올리자. 생각의 질량이 원하는 것의 질량을 넘어설 때마다, 원하는 그 무엇은 어제도 오늘도 만유인력의 법칙에 따라 조금씩 우리에게 끌려오고 있다. 그것은 뉴턴의 법칙처럼 거리의 제곱에 반비례하고 질량의 제곱에 비례한다

원하는 것과 최대한 가까이에서 생각의 질량을 키워라.

명심해라!
영어에도 존댓말이 있다

'Hello'와 'Hi'의 차이를 아는가? 'Here you are'와 'Here you go'의 차이를 아는가? 흔히 영어에는 존댓말이 없다고 생각한다. 그렇게 생각하는 한국인이 많아짐으로, '동방 예의지국'인 대한민국은 아이러니하게, 예의가 없이 구는 경우가 몇 번 있다. 앞서 언급한 이모부네 선과 공장에는 외국인 근로자들이 있었다. 가끔 그들과 이야기를 할 때, 깜짝깜짝 놀랄 때가 있다. 이유는 한국어를 너무 잘하기 때문에, 그들은 알아듣고, 하고 싶은 말도 매우 잘한다. 심지어 나보다 제주도 사투리도 잘 쓴다.

해외에서 오래 생활하면서, 그들의 타지 생활이 남일 같아 보이지 않던 어느 날이었다. 동남아 직원 중 나보다 나이가, 두어 살 많은 직원이 있었다. 나는 그를 '형'이라고 불렀다. 당연히 그렇게 불러야 한다고 생각했다. 그가 아무리 한국어를 잘한다고 할지라도, 그가 구사하는 한국어가 어색하다는 것을 나는 머리로 알고 있었다.

"여기 와서, 빨리 이것 좀 거들어!"

한창 수출 준비가 한창 일 때, 공장을 방문한 적이 있었다. 그는 나를 불렀다. 그가 외국인임을 생각하더라도, 그가 나보다 형이라는 것을 생각하더라도, 기분이 좋지 않았다. 생각보다, 한국어도 잘하는 것 같아 보였던 것도 있고, 복합적인 이유로 기분이 찜찜했다. 앞서 언급한, 했던 어학원 형들의 일화도 비슷한 부류에 속한다. 보통 한국 사람들은, 스스럼없이, 상대를 대하는 것이 서로에게 좋다고 생각한다. 물론 그렇게 지냈을 때, 상대가 그것을 받아들일 수 있다면, 매우 쉽게 친해질 수 있는 좋은 방법이기는 하다.

하지만 해외 거주가 길어지면 길어질수록, 영어라는 언어 수단보다는 그 안에 담겨 있는 어감이라는 것이 들리기 시작한다. 예를 들자면, 백발이 성성한 할머니에게 'Hi there, See ya' 등으로 인사하는 직원들을 보자면, 자칫 마음이 잘 마른 곶감처럼 쪼그라든다.

혹시 당신이 외국인을 만나게 된다면, 알아두면 좋은 것이 몇 가지 있다. 꼭, 반말이라고 말할 수는 없지만 'Hi'라는 표현보다는 'Hello'라는 표현이 오히려 어른들에게 쓰기 적합한 표현인 것 같다. '여기 있어요'를 말할 때 쓰는, 'Here you go'보다는 'Here you are'가 훨씬 더 적절해 보인다. 헤어질 때, 'See ya'는 친구들끼리는 괜찮지만, 나이 드신 노인 분께는 차라리 'Take care'이나 'Have a nice day'가 적절하다. 꼭 반말이라고 말할 수는 없지만, 영어를 공부하는 입장에서는 'wanna', 'gonna'라는 표현보다는 'would like to'나 'going to'라는 표현이 적절하다. 특히나 'gotta'라는 표현보다는 'should'라고 하는 편이 공손하고 보기 좋다. 나이가 없다고 하지만, 외국도 나이에 따른 예의가 있다. 어르신들에게는 말 뒤에 'Sir' 혹은 'ma'am'을 붙여주자. 참고로 30~40대로 추정되는 여성에게 ma'am은 자칫 기분 나쁠 수도 있다.

영국에 왔으면 영국식으로,
호주에 왔으면 호주식으로

아주 많은 한국인들은 미국이 아닌 다른 나라로 어학 공부를 하러 간다. 그것은 금전적인 이유 때문일 수도 있고, 여행지 때문일 수도 있고, 여러 가지 이유로 미국이 아닌 나라를 떠난다. 그리고서, 그들은 끝까지 본인이 생각하는 '미국식 영어'를 고집한다.

무슨 이유인지는 모르겠지만, 목뒤로 말려 들어가는 'R'발음이 심할수록 영어를 잘한다는 인식이 있는 듯해 보였다. 미국과 캐나다를 제외하면, 'R'발음은 거의 안 하는 편이다. 오히려 듣기 거북하거나, 그런 발음을 듣고 웃는 사람도 더러 있다. 요즘은 미디어의 영향으로 많은 젊은이들이 미국식 영어 발음을 하는 경우도 있다.

물론 영화나, 드라마나, 음악을 통해서 쉽게 들을 수 있는 발음은 미국식인 것만은 틀림없다. 하지만, 분명히 노력한다면, 현지 발음대로 연습할 수도 있다. 그런 어휘와 발음이 많아질수록, 현지 친구가 늘어난다.

나는 클럽에서 일하면서, 나오는 노래를 흥얼거리면서 친구에게 노래의 제목을 물어봤던 적이 있다. 우연하게도, 내가 물어본 노래는, 현지 그룹의 노래였다. 가만 듣고 보니, 발음도 그렇고, 익숙한 것 같다는 생각이 들었다.

가끔 우연하게, 현지인 친구와, 미국 친구 셋이서 맥주를 마시다가 그 노래가 나왔을 때, 나는 미국인 친구에게 그 노래에 관련된 이야기를 해주고, 노래를 따라 불렀다. 그때 현지 친구는 매우 놀라면서, 좋아하던 기억이 있다.

내가 홈스테이맘인 캐서린 아주머니와 함께 살고 있었을 때, 나는 캐서린 아주머니의 사촌의 집에 갔던 적이 있다. 역시나 나무로 지은 집에 아늑하기보다는 꽤나 오래돼 보이던 집이었다. 집 뒤편에 나 있던 방방을 타던 기억이 있는데, 당시 캐서린 아주머니의 사촌동생이 미국인과 결혼했다고 했다. 거기서 캐서린 아주머니와 그녀의 사촌동생은, 그녀의 남편이 구사하는 미국식 발음을 따라 하며 웃기다 고 웃던 기억이 있다.

미국식 발음을 고집할 이유는 없다. 심지어, 당신이 고집하고 있는 미국식이냐, 영국식이냐는 실질적으로 의미가 없는 경우도 많다. 미국식 영어를 하던, 영국식 영어를 하던, 콩글리시를 하던, 중요한 것은 얼마나 많은 것을 표현할 수 있는지 일 뿐, 발음 따위는 신경 쓰지 않는 경우가 많다.

일하는 영어를 배워라

해외에 아무리 오래 살아도, 손님이 하는 영어가 잘 안 들리지 않는다는 것은 스트레스였다. 그 스트레스가 부질없었다는 사실은, 한국에 돌아와서야 깨달았다. 참 희한하게도 손님이 하는 말은 한국에서도 잘 들리지 않았다.

오랜 고심 끝에 답을 내렸다. 이것은 언어의 문제가 아니었다. 지금도, 나는 갑작스럽게 평소 사용하던 어휘가 아닌 말을 전해 들으면, 못 알아듣는다. 몇 번을 되묻고, 난 후에 겨우 알아듣고는 한다. 본디, 보통 새로운 일을 하게 되면, 그 일에서 사용하는 업무용 언어가 따로 생긴다. 그것은 한국이나, 외국이나 마찬가지다.

당신이 해외에서 유창하게 영어로 일을 한다고 해도, 간단히 해결 못하는 경우가 생긴다. 비슷한 일은 한국에서도 마찬가지다. 그것은 언어의 습성이다. 인간은 즉각적으로 사용할 수 있는 어휘가 한정되어 있다. 때문에 우리가 갑자기 평소 써오지 않았던 어휘를 듣게 되면, 어떤 언어를 막론하고 잘 들리지 않는다.

내가 일하던 곳은 소매점이었다. 취급하는 아이템 종류만 수만 가지가 되었다. 참 고역스러운 일이었다. 오는 손님들마다 물건의 위치를 물었다. 그 이름과 위치를 외우는 일은 만만치 않았다. 희한하게도 손님들은 한 번도 생각해본 적 없던 물품들을 찾곤 했었다 라이터의 부싯돌이라든지, 눈사람 모양의 열쇠고리라든지, 그럴 때마다, 최선을 다하여, 찾아 주고 싶었지만, 당혹스러움은 어쩔 수 없었다.

손님하고는 항상 잡담을 해야 할 상황이 생긴다. 우리나라와 다른 문화 중하나인데, 그들은 처음 본 사람과 금방 친해지는 문화를 가지고 있다. 매장에물건을 사러 와서는 자신의 조카가 미국에서 살면서 오늘 방문하기로 했다는둥, 어제는 날씨가 좋아서 정원을 다듬었는데 고양이 녀석이 다 망쳤다는 둥,묻지도 않은 말을 쏟아낸다. 그럴 때면, 그저 웃고 넘어가는 일 말고, 그에 상응하는 반응을 보여주는 것이 좋다. 혹여 몇 마디 농담을 준비하는 것도 나쁘지않다.

영어를 공부해야 하는 이유

2018년 세계 100대 브랜드에서, 한국은 '삼성' 단 하나만 들어갔다. 새롭게 떠오른다는 중국은 고작 해 봐야 12개이다. 국가별로 보자면, 미국은 48개를 가지고 있고, 영국이 7개를 가지고 있다. 영어권이라고 불리워지는 국가 2개에서만 세계 100대 브랜드 중 55%를 차지하고 있다.

2017년 기준으로 세계에서 가장 많이 사용하는 언어는 1위가 중국어, 2위가 스페인어, 3위가 영어라고 한다. 하지만 이는 영어를 공용어로 사용하는 인구이다. 전 세계적으로 영어로 소통이 가능한 인구는 대략 15억 정도로 추정된다.

그렇다면 영어는 어째서 강력한 힘을 갖게 되는 것일까? 그저 단순하게 시험문제나 맞추고, 면접관 에게 이쁨을 받기 위해, 영어 공부를 한다면, 그것은 굉장한 능력 낭비이다. 당신은 영어를 소통 가능한 수준으로만 올려도, 세계 100대 브랜드라 불리우는 곳 중 55%에 최소 가능성은 열어 둘 수가 있다. 이 55%

와 일하는 영광을 얻지 않는다 하더라도, 이러한 기업은 전세계적으로 큰 영향력을 행사한다. 전세계 100대 기업 중 55%는 그들의 업무를 영어로 진행한다.

미국은 세계 GDP의 4분의 1을 차지하고 있다. 이 말인 즉, 전 세계 인류가 400원을 벌고 있다고 가정하면, 그 중에서 미국이 100원을 벌고, 나머지 국가들이 300원을 버는 꼴이다. 지금은 미국의 달러가 기축통화로 사용되어지고 있다. 이는 미국만을 이야기했을 때이고, 또 다른 영어권 국가를 포함하면, 그 비중은 더 커지게 된다. 세계의 경제 질서를 좌지우지하고, 전세계에서 만들어낸 상품이 미국에서 팔리기를 기대한다. 미국은 세계 제일의 소비시장이다. 우리가 미국에서 일을 하지 않는다 하더라도, 우리의 교역 상대국은 직, 간접적으로 영어를 사용하게 된다.

나는 마케팅을 전공했다. 마케팅은 생산자가 상품이나 용역을 소비자에게 유통시키는 데, 관련된 활동등을 말한다. 다시 말해서, 마케팅의 목적은 '유통'에 있다. 많은 사람들로 하여금 그 물건을 구입하도록 '노출' 시키는 것이 그 기본이다.

우리가 직장을 다니던, 사업을 하던, 우리가 하는 행위는 대부분, 재화나 서비스를 만들어내는 작업이다. 우리는 그것을 '업'으로 살아가고 있다. 그렇다면, 재화나 서비스를 생산하고 유통하는 기업들은 어떤 사람들을 필요로 할까? 당연하게도 그들은, 그들의 재화나 서비스를 많은 이들에게 노출시킬 수 있는 마케팅을 중요시한다. 그리고 그럴 능력이 있는 인재를 선호한다. 그것이 대한민국에서 토익라고 하는 시험의 능력을 기업에서 보는 이유이기도 하다.

해리포터가 전세계적으로 여러 언어로 번역되어 4억 5천만 부가 팔렸다. 물론 4억 5천부가 모두 영어로 된 책은 아니다. 하지만 어디까지나, 1차 시장은 영어권에서 시작을 했을 것이다.

영어 교육의 수요는 현재까지도 꾸준하게 있긴 하지만, 최근 들어서는 수요만큼이나 그 공급도 엄청나다. 많은 사람들이 어린시절부터 조기 유학이나, 조기 교육 등으로 이미 수준 높은 정도의 영어를 구사한다. 그리고 영어를 잘하는 사람은 너무나도 많다. 그렇다고 영어 공부의 중요도가 적어지는 것은 아니다. 영어는 의사소통의 도구이다. 그리고 이 도구는 단 하나로써 가장 많은 사람들과 많은 문화에 영향을 주고받을 수 있는 수단 중 하나이다. 내가 학창시절에 공부했던 많은 과목들 중에서 가만히 생각해보면, 실제 생활에서 유용하게 사용되는 것들은 몇 가지가 있다. 한자나, 영어와 같은 언어가 당연 그 중 1번이다. 영어를 공부해야 하는 이유는 단지 나의 계발만을 위해서는 아니다. 앞서 언급했지만, 공급이 아무리 늘어났다고 해도, 영어 교육의 수요는 꾸준하다. 심지어 그 수요층도 매우 폭넓다. 그 말은, 그 도구가 나에게 직접적인 도움을 주는 동시에, 그 도구로 하여금, 다른 사람에게 가르칠 수 있다는 이야기다. 예전에 유튜브를 보다가 호주의 한 프로듀서가 한 이야기가 떠오른다. 그는 인생을 사는 방법을 설명하면서, 그 몇 가지 중에 '선생님이 되세요'라는 말을 했다. 당신이 실제 직업이 선생이건 아니건, 누군가에게 자신의 지식을 퍼트릴 수 이는 능력을 갖는 것은 매우 중요한 일이다. 특히나 다른 언어보다도 영어는 쉽게 '선생님'이 될 수 있다.

영어를 공부하면, 돈을 많이 번다는 이야기는 이제는 조금 식상하다. 그렇다면 언어를 공부하면 어떤 면에서 좋아질까? 예전에는 깨닫지 못했던 것이 하나 있다. 언어를 공부하면 내가 만날 수 있는 사람이 많아지게 된다. 나는 해외에서 Jason과 John이라는 인물을 만났고, 상당한 영향을 받았다. 물론 혹자는 한국에서도 좋은 사람이 많다고 이야기할 것이다.

이렇게 생각해보자. 우리나라에서 피아노를 잘 치는 사람은 많다. 그래서 한국에서만 피아노 공부했다고 해 보자. 그렇다면 과연, 우리는 한국 밖에 있는 더 다양한 피아노 능력자의 존재를 모르게 된다. 더 많은 피아노 능력자들을 만날 수 있다는 것은 일종의 견문이 넓어지는 것을 뜻한다.

한국에도 착하고, 긍정적인 사람은 얼마든지 있다. 그런 이유로, 인맥과 무대를 한국으로만 국한시키는 것은 참 아까운 일이다. 전 세계에서는 우리와 언어만 다를 뿐, 매우 마음이 맞는 사람이 있을 수도 있고, 나를 도와줄 수 있는 사람이 있을 수도 있다. 무대가 넓어지면, 기회는 많아진다.

감귤을 팔기 가장 좋은 방법은 내가 사는 방법이다. 그 보다 더 좋은 방법은 가족에게 파는 것이다. 그리고 그것 보다 더 낮은 방법으로는 친인척과 이웃에게 파는 것. 그리고 더 나아가면, 동네에서 파는 것 등으로 커져 나간다. 결국 그렇게 커져 나갈 때, 감귤을 파는 제일 좋은 방법은 수출이 된다. 나는 이러한 생각으로 우리 마을에서 생산된 감귤을 싱가포르 전 지역으로 수출했다.

공부!
특히 '언어공부'에 왕도는 없다!

쉬운 방법으로 원어민처럼 말하는 방법에 대한 책들이 많이 있다. 그 이론들을 깡그리 무시하는 것은 아니다. 하지만 적어도 내가 겪어 본 바에 의하면 언어 공부에는 왕도가 없다. 언어(言語)라고 하는 것은 총 4개의 파트로 이루어져 있다. 말하기와 듣기가 해당되는 '언(言)'과 쓰기와 읽기가 해당되는 어(語)가 있다.

이 두 가지가 합쳐서 언어(言語)라고 한다. 여기서 언급한 언(言)의 경우에는 소리를 이야기한다. 음성으로의 의사소통인 언(言)은 음성 전달로 인해 이루어져 있는 말 하기와, 듣기가 해당된다. 그리고, 문자에 관련한 읽기와 쓰기는 어(語)에 해당한다. 자 그렇다면, 이 언어의 구성을 살펴보자.

우리나라 사람들은, 10년을 넘게 영어 교육에 목숨을 걸며, 정작 외국인을 만나서는 단 한마디도 하지 못한다는 불평을 하곤 한다. 그렇다면 정말 대한민국의 교육 시스템만을 탓해야 하는 문제인가?

우리나라가 저출산이 문제와 되고, 몇몇 학교는 실제로 폐교를 하게 되는 실정에도 불구하고, 우리나라는 OECD 회원국 기준으로, 학급당 학생 수가 지금도 상당히 많은 편이다. 하지만, 교육 시스템이 자리 잡기 시작한 것은, 과밀과 과잉의 세대인 베이비 붐 시대부터다. 효율적인 방법으로, 적은 교사로 많은 인재를 만들어 내야 하는 우리나라 교육 시스템으로는 학생 하나 하나의 말 하기와, 쓰기를 교육하기보다 듣기와 읽기를 교육하는 편이 쉬웠다.

또한, 당시 대한민국 성장의 근간을 둔 곳은, 개인의 창의력이나, 의사보다는 우리보다 앞 서있는 선진국에서 얼마나 빨리 습득하느냐가 관건이었다. 우리의 당시 사회에서, 교육은 '능동'보다는 '수동'의 의미를 지니고 있었다. 이러한 교육 시스템으로 교육을 받으며, 우리는 불균형 적인 언어 교육을 받았다. 그리고 저출산의 시대가 도래 되면서, 학급의 수가 줄기 시작하고, 더 이상 우리가 선진국이라고 부르던, 국가 들과의 경제적 격차도 많이 줄었다.

우리가 언어 교육에 있어서, 현실 언어와 괴리감을 느끼는 것은, 사회의 변화 때문일 것이다. 그렇다면, 이 언어라고 하는 것은, 어떠한 모습을 하고 있는지 자세하게 살피며, 균형 있는 언어를 공부하기 위해선 어떠한 노력을 해야 하는지 알아보자.

그 첫 번째로, 언(言)과 어(語)가 가진 공통적인 특징에 대해서 먼저 살펴보자

언(言)과 어(語) 그것들의 구성

언(言)과 어(語), 그 구성을 먼저 살펴보자. 언어라고 하면, 당연히, 언(言)과 어(語)의 조합이다. 한자어로 이루어져 있는 이것을, 보기 좋게 한국어로 바꾸어 보자, '말'과 '글' 그렇다. 언어라고 하는 것은 단순히 말을 잘한다. 혹은 시험을 잘치룬다는 의미가 아니라 '말'과 '글'을 의미한다. 그렇다면 어떻게 하면 '말'과, '글'을 잘 할 수 있을까? 그것을 알기 위해서는 일차적으로, 그 구성을 먼저 봐야 한다.

우리가 '말'과 '글'이라고 하는 형태는 알려주고자 하는 것을 전하는 것이다. 하나는 소리로, 그리고 다른 하나는 문자로서 전달한다. 이러한 '말'과 '글'을 어떤 특정한 형식을 지니고 있는데, 그 형식을 세분화해 보면, 그것을 이루는 단위가 '문단(文段)'이라는 것을 알 수 있다.

각 문단(文段)과 문단(文段)이 모여, 글이 되기도 하고, 말이 되기도 한다. 각 문단(文段)마다, 하고자 하는 핵심들이 있다. 그런 내용을 통해, 기승전결을 통하여, 이야기를 전달한다.

그렇다면 문단(文段)이라고 하는 것은 무엇을 의미하는가? 文(글 문), 段(조각 단). 한자의 구성은 이러하다. 문단(文段)은 다시 말하면, 글의 조각이다. 이 조각들이 끼워 맞춰지며, 글이 완성되는 것이다. 그렇다면, 이 문단(文段)이라고 하는 것은 무엇으로 구성되어 있는가? 문단(文段)이라고 하는 것은 '구절(句節)'이라고도 부른다. 이 문단은 쉽게 말하여, 구(句)와 절(節)로 이루어져 있다.

우리가 영어 공부를 할 때 만나는, 형용사구(形容詞句), 부사구(副詞句) 따위의 말을 듣는다. 그것이 정확하게 무슨 의미인지를 인지해야 한다.

일단 구(句)나 절(節)은 무엇이며, 무엇으로 구성되어 있는가? 구(句)나 절(節)은 단어(單語)로 구성되어 있다. 單(홑 단)에 語(말씀 어)를 쓰고 있다. 단어의 '단'자가 짧을 단(短)을 쓴다고 생각하는 사람도 많겠지만, 단어의 '단'은 '홑', '혼자서'의 의미를 지니고 있다. 즉 띄어쓰기 하는 최소 단위가 된다. 이 혼자 있는 '단어'와 '단어'가 모여 구절이 된다.

그 단어가 2개 이상 모여 있는 것을 구절(句節)이라고 한다. 그렇다면, 구(句)는 무엇이고, 절(節)은 무엇일까? 쉽게 설명을 하면 그렇다. 2개 이상의 단어가 결합했을 때, 일정한 형식을 띠고 있는 것은 '절(節)'이고, 특정 형식 없는 단어의 배열을 구(句)라고 부른다. 그 형식은, 우리가 임의로 정의해 둔 규칙에 부합하는지를 말한다. 영어에서는 이러한 규칙이 몇 가지가 있다. 대표적으로, 대문자로 시작하며, 마침표로 끝나고, 주어와 동사로 시작하는 5개의 형식을 의미한다.

쉽게 알 수 있도록 정리해보겠다.

구(句) : Oh, my god!

절(節): I go to school.

첫 번째 구(句)는 주어와, 동사가 없다. 그저 단어와 단어의 조합으로 이루어져 있는 구성이다. 하지만 두 번째 절(節) 같은 경우에는 주어와 동사가 있고, 대문자로 시작을 하며. 마침표로 마무리한다.

우리는 이제 구(句)와 절(節), 그리고 그것을 이루는 단어를 배웠다. 그렇다면 단어는 무엇으로 구성되어 있는가? 당연하게도 알파벳이라고 하는 최소 문자의 배열이다. 이러한 문자들이 모여, 수만 가지 단어가 탄생하고, 그 단어가 모여, 수 십만 가지 구(句)와 절(節)이 탄생한다. 그럼 우리가 기본적으로 이해하고 있는 알파벳을 제외한다면, 가장 먼저 이해해야 하는 것은 무엇일까?

그것은 바로 단어(單語)이다. 단어(單語)라고 하면 당연하게 말과 글의 최소 성분이 된다. 그렇게 우리는 단어를 제일 먼저 이해 해야한다.

한자를 공부해야 하는 이유

안타깝게도 당신은 영어를 공부하기에 앞서, 더 험난한 산을 넘어야 할지도 모른다. 하지만 이러한 이야기를 들은 적이 있는가? 증상을 치료하는 것이 중요한 것이 아니라, 그 원인을 치료하는 것이 더욱 중요하다는 사실.

당신의 이마가 매우 뜨겁다. 이 고열이라는 증상을 치료하기 위해서, 당신은 해열제를 먹는다. 내부적으로 어떤 문제가 있는지 알지도 못하고, 해열제를 먹거나, 차가운 수건 따위를 이마로 덮는 것은 일시적으로 열을 내릴 수 있다. 하지만, 다시 금, 같은 증상이 일어날 것이다.

당신이 치료해야 하는 것은 지금 당장, 단어를 100개를 외우고, 시험문제를 맞히는 것이 아니다. 그 원인을 치료해야 한다. 우리는, 증상 치료를 초등학교 시절부터 시작해서, 지금 것 해오고 있다. 과연, 당신의 질병인 치유가 되었는가?

내가 처음으로 학생들을 가르칠 때, 엄청난 열정으로 학생을 가르쳤다. 기존의 교육방식보다, 더 쉽고, 더 재미있게 가르칠 수 있다고, 확신했다. 나름 최선을 다하며 수업에 임했음에도 불구하고, 많은 학생들의 점수는 쉽게 오르지 않았다. 어제 했던 내용의 수업을 오늘 다시 진행해도, 아이들은 간단한 답변에 대답하지 못했다. 나는 생각이 들었다. 무언가 잘못되어 있다.

아이들의 대부분은 강의실 앞에서 보기에, 굉장히 집중하는 듯했다. 집중력이 좋아 보이는 아이도 있고, 또 어떤 아이는 필기를 매우 열심히 한다. 하지만 보통 필기를 열심히 하는 경우는 질문에 대한 대답을 잘하는 경우가 많지만, 초롱 초롱 한 눈으로 수업을 듣던 아이에게, 간단한 질문을 던지면, 생각보다 실망하게 되는 경우가 많다. 이유가 무엇일까?

나는 강의를 시작한 지 수 년이 지나서 그 이유를 알게 되었다. 그 이유는 바로, 무지의 침묵이었다. 어느 날은 영어를 가르치던 내가, 우연한 기회로, 사회와 역사를 가르치게 된, 일이 있었다. 똑같은 내용을 수 십 번을 반복해도, 아이는 아주 조금도 이해하지 못하고 있었다. 하루 종일 한 페이지를 나가기 힘들다 가도 한 페이지가 겨우 진행이 되면, 다음 페이지로 넘어가곤 했다. 하지만, 다음 날, 물어보면, 다시 페이지는 처음부터 시작하는 경우가 많았다.

나는 그 학생을 보고 참 답답해 했다. 그리고 그 학생 또한 잘되지 않는 자신을 보며 매우 답답해 했다. 나는 그 학생에게 물어보았다.

"시험 잘 치고 싶어?" 혹은 "몇 점이 목표야?"

의지가 없어 보이는 아이에게 내가 물어보자. 학생은 자신의 목표를 이야기한다. 이렇게 학생들마다 학생들은, 나름대로 목표를 가지고 공부를 한다. 그럼에도 불구하고, 점수는 역시 형편없는 경우가 많다. 나는 답답한 마음에, 수업 도중 아무 말도 하지 않고, 어떻게 해야 할지를 생각했다. 그러자 이 학생이 나에게 힌트를 주었다.

"선생님, 수도를 천도했다고 하는데 천도가 뭐죠?"

나는 지금 것, '수도를 천도했다.'라고 외우라고 강요만 했을 뿐, '수도'는 무엇을 의미하는지, '천도'는 무엇을 의미하는지 자세하게 알려주지 않았던 것이다.

생각보다 많은 학생들은 어휘력이 약하다. 우리가 흔하게 하는 착각은, 키가 크고, 교복을 입고 있으면, 중학생이나, 고등학생이, 우리와 비슷하다고 착각한다. 하지만 그들이 초등학생이라는 타이틀을 벗어 난 지 수년밖에 되지 않았다.

우리가 영어 공부에 앞서 한자 공부를 해야 하는 이유는 매우 명확하다. 가르치는 사람과 배우는 사람 모두, 학습이라는 목표를 이루기 위해, 언어를 사용한다. 상호 사용하는 언어가 같아야, 상호 간의 '의사소통'이 이루어진다. 학습의 가장 중요한 도구는 '언어'이다.

생각보다 많은 학생들은 '부사'와 '보어'를 헷갈려 했다. 부사는 무엇이고, '보어'가 무엇인지도 모르는데, 인터넷 강의나, 학원, 학교에서는 그저, 온통 모르는 소리만 해 댄다. 아이들은 아무리 배워도 외워지지 않는 이유를 모르고, 강사는 아무리 가르쳐도 공부되지 않는 이유를 모른다.

게으름도 아니고, 지능의 문제도 아니다. 그 첫 출발은 '의사소통'에 있었다. 최초 나에게 그 깨달음을 준 학생의 문제가 어휘력에 있다고 판단했다. 그리고 나는 학생에게 말했다.

"이 책에서 네가 모른다고 생각하는 단어에 전부 형광펜을 칠해봐."

책은 사회책, 역사 책등 한국어로 이루어진 책이었다. 학생 책은 거의 대부분이 형광펜으로 줄이 그어져 있었다. 심지어 그가 알고 있다고 생각하는 단어의 뜻을 물어보니, 그 의미 또한 잘못 알고 있는 경우가 더러 있었다.

'가산명사', '불가산명사', '형용사구', '명사절', '주격 관계대명사'

우리가 영어 문법 용어라고 말하는 대부분은 한자어로 되어 있다. 2개 이상의 의미가 있는 글자가 합쳐져서 의미를 만들어내고 있었다. 이는 영어 단어가 만들어진 원리와 비슷하다. 한자 공부가 우선이 되면, 1차적으로는 의사소통이 수월해진다. 그리고 2차적으로는 언어 탄생의 메커니즘을 이해할 수 있게 된다. 따라서 우리는 영어 공부에 앞서, 한자를 먼저 공부해야 한다.

"Preexchangable"

"Preexchangable"

당신은 이 단어를 알고 있는가?

이 단어를 우리나라 대형 포털 사이트에 검색하면, 조회되지 않는다. 그렇다면, 이 글을 외국인들이 자주 사용하는 포털 사이트에 적어보면 어떨까? 그것의 사전적인 의미를 둘째 한다 하더라도, 꽤나 많은 사람들이, 이 단어를 사용하고 있다.

나는 이 단어를 수업 시간에 종종 이용하고는 한다. 대부분의 사람들은 저런 조잡한 식의 단어를 경멸한다. 심지어 읽어볼 생각도 하지 않는다. 하지만 가만 하게 생각해보면, 이 단어는 그렇게 어려운 단어는 아니다.

혹시나, '수용하다.'라는 말을 아는가? 그 말을 알고 있다면, 당신은 '불 수용하다.'라는 말도 알게 될 것이다. 당신은 '한국인'이라는 단어와 '비 한국인'이라는 말을 따로 외웠는가? 그러지 않다. 기본적으로 알고 있는 단어 앞과 뒤에 붙어서 그 의미를 더하는 것이 단어의 구성이다. 그 구성은 한자어도 마찬가지고, 영어도 만찬 가지다. 그렇다면 어떻게 Preexchangable이라는 단어가 나왔는지 살펴보자.

나는 학생들에게 단어를 외울 때, 총 3가지 방법을 사용하라고 말을 한다.

하나, 어원으로 외운다.
둘, 연상으로 외운다.
셋, 무식하게 외운다.

내가 말한 이 세 가지 방법으로는 어떠한 단어도 외울 수 있다. 당신이 어원으로 공부할 때는, 그 어원이 정확할 필요도 없다. 연상으로 외울 때도, 아주 논리적일 필요가 없다. 무식하게 외울 때도, 매우 열심히 쓸 필요도 없다. 이제⋯ 내가 알려주는 방식으로, 단어를 공부해보고, 마지막으로는 Preexchangable이 어떤 뜻을 갖고 있는지, 암기 없이 스스로 알아보자.

1. 어원으로 암기

내가 유학 생활을 하면서, 저절로 터득한 것은 접두사와 접미사의 사용법이다. 내가 표현하고 싶은 단어가 생각이 나지 않을 때, 간단한 단어를 이용하여 접두사와 접미사를 사용하여 표현했다. 어쭙잖은 어려운 단어를 표현하고자 하면, 오히려, 현지인 쪽에서 못 알아듣는 경우가 많았다. 나는 해외로 첫 유학을 떠나고, 첫 주가 되었을 때, 영영 사전을 하나 샀다. 어디선가, 영어는 영영 사전으로 공부해야 된다는 이야기를 들었던 적이 있어 충동적으로 구매한 것이다.

하지만 얼마 지나지 않아, 내가 다시는 이 영영 사진을 펴보지 않을 거라는 확신이 생겼다. 나는 이것을 환불 받고 싶어 졌다. 내가 구매했던 서점으로 바로 들어갔다. 들어가서 당당하게 말을 하려고 하자. 나는 영영 사전을 영수증과 함께 직원 앞에 내놓고는 말 한마디 못하고, 땀을 뻘뻘 흘렸다. '환불'이라는 단어를 몰랐다는 것이다.

그러자 직원은 나를 보며 말했다.

"You want to refund it?"(환불하시게 요?)

나는 Refund라는 단어가 들렸다. 그래서, 학창 시절에 얼핏 ~able을 쓰면 할 수 있다는 표현이 된다는 사실을 알고 되물었다.

"Is it refundable?"(환불 가능 한 가요?)

그러자 직원은 말했다.

"Of course, It is refundable."(당연하죠. 환불 되세요.)

내가 방금 만들어낸 단어에, 상대방이 나의 말을 인용했다는 것이 뿌듯했다. 나는 사전을 환불하지 않았다. 집에 가는 길에 refundable을 찾아보았다.

내가 몰랐지만, 이미 존재하는 단어였다. 조합할 줄 몰랐다면, 외우느라 고생했을 단어를 쉽게 거저먹었다.

영화 '17 Again'을 보면, 젊어 진 주인공 Mike가 친구인 Ned의 집에서 도둑으로 오해 받고 싸우는 장면이 나온다. 그 장면에서, Mike는 Ned의 비밀을 하나 둘 씩 말하며, 그의 오래된 친구인 Mike가 맞다고 말한다.

그때 그 정보를 듣자 Ned는 말한다.

"Googlable"

Google이라고 하는 단어에 able을 합친 말이다. Google은 미국에 있는 회사

명이다. 이 고유 대명사에 ~able을 합성해 만든 말이 미국에서는 이제 거의 형용사처럼 쓰인다고 한다. 그렇게 언어는 유동적이다. 언어는 만들기 나름이다.

내가 자주 사용하단 접두사는 다음과 같다. Re~(다시), ex~(이전), pre~(미리), ex(밖으로), over(넘어) 등등 기존에 알고 있던 단어에서, 접두사를 붙이어서 말하면 된다. 심지어, 본 적 없는 단어라 할 지라도, 즉석에서 만들어내도 괜찮다.

어느 날은 Phone card(해외 전화할 때, 쓰는 전화카드)를 사려고 했다. 그런데, 후불제가 있고 선불제가 있었다. 나는 당시에 10불을 쓸 수 있는 선불제 카드를 사고 싶었다.

'선불'이라는 말, 의외로 쉽게 떠오르지 않았다. 옆에 있는 토익 점수가 꽤나 높다고 자랑하던 한국인 형이 대신 말하겠다며, 말했다.

"I'd like to buy an advance payment card to call."

상당히 고급 지게 들렸다. 지금 생각해도, 멋진 문장이다. 하지만, 앞뒤 문맥 없이, 갑자기 이루어진 질문 때문인지, 한국인 특유의 발음 때문인지 알 수는 없지만, 직원은 도통 이해하지 못했다. 나는 직원에게 물었다.

"Can I buy a prepay phone card?"

그러자 직원은 선불제 전화카드 하나를 꺼내 주었다. 나는 '~able'(할 수 있다)이라고 하는 단어와 Charge(충전하다)라는 단어를 합성해 보았다.

"Is it chargeable?"(충전되나요?)

그러자, 직원은 나의 말을 알아듣고는 친절하게 충전 방법을 설명해주었다.

어원으로 암기할 때는, 물론 정확하게 알고 있으면 좋겠지만, 그 느낌만 이해하면 그만이다. 우리는 언어 학자가 아니다. 정확하게 그 단어가 무슨 의미인지를 연구하는 것은 연구진의 몫으로 두고, 우리는 우리 나름의 방식으로 외운다.

예를 들면 이렇다.

Fly(날다), flow(흐르다), fish(물고기), floor(바닥), free(자유), flexible(유연한), float(뜨다), flood(홍수) 등, F로 시작하는 경우는 '흐르다'라는 의미를 갖고 있고, 날아가는 것도 흐르는 것처럼 보인다. 자유롭게 헤엄치고 날아가는 모습 등등.

2. 연상으로 암기

Freshman, sophomore, junior, senior이라는 단어가 있다. 웬만해서는 외우지 못하는 학생들에게 나는 이런 이야기를 했다. 막 입학해서 신선하 잖아 그래서, Freshman(신입생)

신입생보다는 소풍을 가도 한 번을 더 가겠지? 그래서 소풍

More~(sophomore)

3학년과 4학년이 싸웠는데, 3학년이 졌어. 나이가 어리니까… 그래서 3학년은 진애여~(Junior)

그래서 4학년이 쎈애여(Senior)

아이들은 어이없다며, 웃고 나의 유머감각을 욕하지만, 두 번 다시 잊지 않았다. 그렇다면 이제 단어라는 것을 살펴보자. 단어라고 하면, 짧은 글을 뜻한다. 최초에 인간이 의사소통을 위해서는 일종의 약속이 필요했다. 어떤 사물을 가리키며, '돌'이라고 부르고, 어떤 사물을 가리키며 '나무'라고 부르기 시작했다.

그렇다면, '돌'과 '나무'라고 하는 자연의 물질에 이름을 붙였다. 그 짧은 구성을 단어라고 하고, 그중, 사물에 이름을 붙인 단어를 명사라고 부른다. 돌과 나무가 깨끗한지, 더러운지를 표현하기 위해, 명사를 수식하는 다른 단어가 필요

했다.

자, 우리는 명사라고 하는 단어를 가장 먼저 사용했으며, 그 명사의 상태를 수식하기 위해 다른 단어가 필요했다. 그 명사를 수식하는 다른 단어를 우리는 형용사라고 부른다. 그리고 그 형용사와 문장의 수식이 필요한 다른 수식어가 필요했고, 그렇게 부사가 탄생했다.

중학교 때 8품사라고 배워본 적이 있을 것이다. 8품사라고 한다면

1단계: 명사, 대명사, 동사, 형용사, 부사

2단계: 감탄사, 전치사, 접속사

이렇게 되어 있다. 지금 빨리 외우라면 외울 수 있겠는가? 쉽지 않다. 자, 그렇다면 앞서 언급한 품사가 어떻게 태어나고, 어떻게 활용되는지를 알아보자. 단어 중 그 핵심이자 주인공은 명사이다. 그걸 수식하기 위해, 형용사가 태어났고, 다시 또 그걸 수식하려고 하니 부사가 생겨났다.

최초 명사는 1개, 2개, 3개로 시작했을 것이다. 그렇게 시작한 사물의 이름은 인간이 사회와 사고가 복잡해지고 다양해지면서, 그 많은 이름들을 대체할 다른 이름이 필요했다. 그래서 그것을 대명사라고 불렀다. 앞에 놓인 나무와, 돌을 함께, 이것들이라고 부름으로써 명료하게 표현할 수 있게 됐다.

명사를 통해 사물의 이름을 정하고, 그 사물의 형태를 수식하게 되었다. 하지만 그 명사가 움직인다는 것을 표현하기 위한 다른 단어가 필요했고 그렇게 탄생한 것이 동사이다.

일반적으로 동사는 모두 움직임을 표현한다. 따라서, 동사는 움직임을 표현해야 했지만, 모든 명사가 움직이는 것은 아니었다. 그 명사의 상태에 대해서만 이야기하는 상황이 생긴다.

단어 명사부터 암기하라

시중에 있는 단어장을 사면 경악을 금치 못한다. 대부분의 단어장은 영어 단어를 알파벳 순서로 정렬해 두었다. 혹시 당신은 태어나면서 ㄱ(기억) 부터 ㅎ(히읗)까지를 순서대로 공부했나? 단어를 공부할 때, 가장 최악의 방법은 알파벳 순서대로 암기하는 것이다. 내가 그렇게 생각하는 데는 몇 가지 이유가 있다.

굳이 영어라는 것으로 한정 짓지 않고 생각해도, 모든 언어는 명사를 먼저 필요로 했다. 어떤 대상에 이름을 붙이고, 그것을 상대와 공유하는 것으로 의사소통은 시작된다. 보통의 단어집은 아까 언급한 데로 알파벳 순서로 단어가 정렬되어 있다. 이럴 경우 우리가 범할 수 있는 오류는 이렇다. Apple과 Apply가 같이 접하게 된다는 것이다. 사과라고하는 단어는 초등학교 수준에서도 쓰이고, 실생활에서 빈도 있게 상용하는 언어이다. 하지만 apply 같은 경우는 크게 난이도 있는 단어라고 말할 수는 없지만, Apple과 비교할 때는 비교적 고급 단어로 사용된다.

당연히 우리는 언어를 배울 때 초등학생 수준에서부터 시작하여, 단계별로 고급단어를 공부해야 한다. 또한, 우리가 범하는 또 다른 실수는 품사 구별없이 암기하는 것이다. 예를 들자면, beautiful '아름다운'이라는 단어를 보면서, '아름답다'라고 암기하는 오류를 범하게 된다. 이러한 실수는 처음에는 별거 아닌 일이지만, 언어라고 하는 것은 단어와 단어를 조합하여 정보나 감정을 전달하는 도구 이기 때문에, 잘못된 단어의 조합이 이루어진다.

따라서 내가 추천하는 언어 공부의 단어 암기 순서는 이렇다. 일단 명사를 먼저 공부한다. 명사를 암기하고 난 후에는 형용사를 공부한다. 예를 들자면 이렇다. Box라고 하는 단어를 하나 암기한다고 치자. 그렇다면, Box라는 단어를 수식할 형용사를 공부하는 것이다. 그리고 보통 형용사는 명사의 앞이나 뒤에 어떤 추가적인 스펠링이 붙으면서 품사가 바뀌는 경우가 많다. 따라서 명사를 먼저 공부하면, 형용사는 알아서 공부가 된다.

우리나라의 말도 마찬가지다. '공부'라는 명사가 '공부한다'라는 동사로 바뀌고, '먹다'라는 동사는 '먹는'이라는 형용사로도 바뀐다. '바보'라는 명사가 '바보스러운'이라는 형용사라 바뀌는 듯. 언어는 기초 단어를 하나 공부하고 그것을 변형시키는 유연한 능력을 키우는 것이 더욱 중요하다.

'Beautiful'이라고하는 형용사를 공부했다고 치자. Beautiful box라고하는 단어가 하나 완성된다. 이렇게 명사를 수식해 주는 형용사를 암기하고 나면, 일차원적인 단어 공부는 끝난 것이다.

우리는 명사와 형용사 만으로도 상당히 많은 표현을 할 수가 있다. 예를 들자면, 아이가 말을 배울 때. '엄마', '맘마'와 같이 단순한 명사만으로도 상당한 수준의 의사소통이 가능하다. 우리는 언어라고 하는 부분의 절반 이상을 해결한 것이다.

명사 다음으로는 동사를 공부하라

명사와 형용사가 외워지고 나면, 그 다음으로는 동사를 암기한다. 우리가 흔히 말하는 주어라고하는 것은 명사 혹은 명사와 형용사가 합쳐진 조합인 경우가 많다. 물론 그 외 여러가지 명사 절과 다른 조합이 있을 수도 있지만, 대부분은 그러하다. 그리고 난 후, 그것들이 어떤 동작을 취했는지를 표현하게 된다. 따라서 동사를 암기한다. 생각보다 동사는 많지가 않다.

특히 생활영어에서의 동사는 몇 가지 되지 않는다. 동사를 암기할 때 중요한 것은, 동사를 암기하고나서, 바로 같이 조동사를 암기하는 것이다. 조동사는 특히나 몇 가지가 되지 않는 동사 중에서 사용빈도가 높을 만한 조동사를 먼저 암기한다. 조동사의 역할은 감정을 나타낸다고 봐도 무방하다.

언어 구사에서 조동사는 동사와 함께 사용하여 어감을 표현해주고 더 풍부하게 해준다 예를 들면 이렇다 will have 라는 조동사와 동사가 있다. 이 것은 한국인이 볼 때 두가지의 단어가 합쳐져 있는 것처럼 보이겠지만 실전적으로는 하나의 단어처럼 보는 것이 맞다. '밥 먹고 싶다.'를 '먹고' 와 '싶다'로 분류하지 않는 것처럼 하나의 단어처럼 공부하는 것이 좋다.

조동사는, 각 조동사로 어감을 표현하기 때문에 조동사의 뜻 보다는 조동사가 갖고 있는 감정을 주의해서 봐야한다. 우리나라 중학교 교과서나 참고서에서는 should와 have to 모두 '~ 해야 한다.'라는 듯을 가진 조동사로 가르치고 있다. 하지만 이것은 사실이 아니다. Have to는 should 보다 조금 더 완강한 표현이다. 실질적으로 회화에서는 should를 '~하는게 좋다.'로 사용한다. 이는 have to를 사용하는 경우가 상황과 말투 감정에 따라서 많이 달라지기도 한다.

예전에 뉴질랜드에서 학교 청소를 하다가 우연하게, 현지 학생들끼리 주고받는 쪽지를 주슨 적이 있다. 거기에는 'I should of been there' 이라고 적혀 있었다. 영어 공부에 열과 성을 다하고 있었던 차라, 나는 바로 집으로 가서 검색해보았다. 아무리 생각해도 should라고 하는 조동사 뒤에는 of라는 전차사가 나오는 게 이상했다.

알고 봤더니 should of는 should've(should have의 축약형)이었다. 비슷한 형태로 should have, could have, would have 등이 있다. 이러한 'of'는 발음이 비슷해서 현지인들도 그냥 of로 사용하는 경우가 많았다. 이 발음을 사용할 때는 그 정보만 전달할 것이 아니라. 아쉬움을 담아야 한다고 감정을 외워야 한다.

'~했어야 했는데…'

준동사는?

　오래전 원시인들은 많은 단어를 암기하고 사용하고 싶었다. 하지만, 우리가 실질적으로 개발한 단어는 몇 가지 되지 않는다. 우리는 그 몇 가지 되지 않는 단어를 변형해가면서 다른 품사로 사용해야 했다. 요컨대 이런 것이다. beauty 라는 단어에서 beautiful이라는 단어로 한번 더 재활용하여 그 품사를 다른 것으로 사용한다. 이런 제활용은 명사와 형용사 부사와 감탄사 등 여러 분야로 바꾸여진다. 특히나 그 최초의 시작이 동사로 시작을 하여 다른 품사로 바꾸어 사용되는 단어들을 우리는 준동사라고 부른다.

　Google이라고하는 회사는 미국에 있다. 이 회사는 명사로 시작하여, 점차 영향력을 키워가더니, '구글하다.'라는 동사로도 사용이 된다. I googled you. 이런 식으로. 이렇게 동사가 된 명사는 다시 또 형용사가 된다 뒤에 ~able이라는 접미사를 사용하여 'google 할 수 있는' 이라고하는 형용사가 되었다가 'googling'

이나 'googled' 와 같이 되기도 한다. 이것은 언어가 매우 유연하다는 것을 보여주는 매우 좋은 사례이다. 이런 좋은 사례가 현재에 있다는 것은 지금 영어를 공부하는 우리에게 매우 좋은 이야기 거리가 되어준다.

마찬가지다. 기본적으로 단어가 시작하는 형태는 명사의 형태로 시작한다. 'Book'이라고하는 명사는 '책'이라는 뜻이지만 '예약하다'라는 동사로도 쓰인다. 명사가 동사로도 쓰이는 것이 아니라, 명사로 태어난 단어는 동사로도 사용되어질 수 있다는 것이다.

만약 당신의 이름이 'Jack'이라고 하자. 그렇다면, 이런 농담도 쓸 수 있다. Don't Jack. (Jack같은 짓 좀 하지마!) 혹은 It is Jacky(이것은 Jack스럽네.) 이러한 농담은 실제로 미국 드라마나, 영화 등에서 종종 사용된다.

준동사를 이야기 하다보니, 잠시 다른 이야기들을 많이 했다. 결과적으로, 준동사는 그 시작점이 동사로 시작하여, 접두사나 접미사 등의 형태 변화를 통해, 형용사나 부사, 혹은 명사로 바꾼 것을 이야기한다.

쉽게 말해서 동사에 ing를 붙여서 명사나, 형용사가 되고, ed 를 붙여서 형용사가 된다. 혹은 앞에 to를 쓰면 형용사, 명사, 부사가 된다는 것이다.

단어를 조합하여
새로운 단어를 만드는 연습을 해라

우리가 단어를 외울 때 어려운 이유는 이렇다. '충분'이라고 하는 단어를 외운다고 해보자. 이 단어는 充(충분할 충)에 分(나눌 분)이 합쳐진 단어이다. 이렇게 개별의 뜻을 알고 있다면, 단어의 조합으로 암기하기도 쉽다. 하나를 알면 열을 알게 되는 원리는 다음과 같다. 충족(充足), 충전(充電) 등 우리는 다음 아는 한자어를 통해서 새로운 단어를 만들어 낸다. 비록 우리가 그 단어를 써본 적도 들어본 적이 없다 하더라도 말이다.

거기에 불충분이라고 不(아닐 불) 이라는 단어가 붙는다 하더라도, 우리는 그러한 단어를 만날 때 전혀 당황하지 않는다. 그리고 그것들을 담담하게 대한다. 이것은 매우 중요한 이야기다. 모든 단어가, 접두사 접미사를 갖고 새로운 단어로 태어날 수 있고, 이런 것들이 많아질수록 우리는 언어로 표현하는 것들이 많아지게 된다.

그 시작점에는 명사가 있다. 실질적으로 모든 명사를 다 외울 수는 없다. 하지만 기본적인 명사를 암기하는 것만으로도 우리는 매우 유용하게 그것들을 응용할 수 있다., 명사를 암기했다면 형용사로 바꿔보고 그것을 부사로 바꿔보는 등 그 훈련을 몇 번 하다 보면, 단어는 암기한다기보다, 만들어 낸다는 것을 알 수가 있다.

영화와 드라마를 통해서 공부하자

요즘 많이 사용하는 방법이라, 식상하기도 할 테지만, 사실 영어를 공부하는 가장 좋은 방법은, 책을 사서 문법을 암기하고, 문제를 풀어보는 것이 아니라, 영화와 드라마를 많이 보는 것이다. 내가 좋아하는 코미디언인 유재석이 '무한도전'이라는 프로그램에서 초보자에게 운전 연습을 가르치는 장면이 있다.

초보자에게 운전을 가르치다 보면, 예민해지게 되고, 답답함에 화가 나기 마련이다. 하지만 유재석은 초보자에게 친절하게 알려주며, 시청자들로부터 호응을 얻어냈다. 그 장면에서, 나는 유재석이 했던 말이 하나 떠오른다. '원래 천천히 하는 게 제일 빨라요.'

그저 스쳐 지나가는 듯한 말이라, 아무도 그 말에는 집중하지 않았지만, 나는 그 말에서, 유재석의 내공을 볼 수 있었다. 가만히 생각해보면 항상 정답은 그렇다. 천천히 하는 것이 가장 빠른 것이었다. 덤벙거리며 수학문제를 빠르게 풀다가, 보기에 내가 푼 답이 없는 황당한 경험을 하고, 다시 두 번을 푼다. 이러한 경험은 한 번씩 가지고 있을 것이다.

원래 천천히 하는 게, 제일 빠른 것이고, 단순한 게 제일 확실한 것이다. 왕도는 없다. 편법도 없다. 물론 방법 면에서 조금 알고 있다면, 약간 수월해질 순 있다. 하지만 그것은 같은 열정을 투자 했을 때, 비교할 수 있는 말이다. 가장 기본적인 것이 가장 최고의 방법이다.

언어의 기본은, 많이 말하고, 많이 듣고, 많이 쓰고, 많이 읽는 것이다. 왕도는 없다. 나는 해외 생활할 때, 잘 때, 항상 프렌즈를 켜놓고 잤다. 그래서 잠이 들 때, 항상 이어폰을 귀에 껴두고 자는 습관이 한동한 생기기도 했다. 혹시나 나의 뇌가 잠에 들어 있을 때, 무의식에서라도 습득하고 있지 않을까? 하는 생각으로 한 일이다.

이러한 행위가 영어 실력 향상을 돕는지는 알 수가 없다. 결과적으로, 나는 귀가 남들보다 빨리 트였다. 아무리 해외에서 산다고 해도, 말 한마디 못하고 사는 교포들도 있다. 내가 어학연수 할 때, 어떤 예멘 학생은 말을 정말이지 한마디도 못했다. 하지만 알고 봤더니, 뉴질랜드에서 거주한지가 3년이 넘었다고 했다.

유학을 하더라도, 방구석에서 한국 예능이나 돌려보는 시간을 갖는 다면 영어는 쉽게 늘지 않는다. 영어 실력이 늘고 싶다면, 최대한 오랜 시간 현지인들의 말에 노출 되어 있어야 한다. 영화나 드라마는 온전히 2시간을 그들의 언어 환경에 노출 시켜준다. 당신이 혹시 금전적인 문제가 있거나 혹은, 시간적인 여유가 없다고 한다면, 자동차 운전 중이나, 잠을 자거나 밥을 먹거나 할 때, 그저 주변 소음을 영어로 바꿔 보는 것은 어떨까?

나는 단계별로 영어 학습을 시작했다. 1단계로는 디즈니 만화영화를 많이 봤다. 디즈니 만화를 선택한 이유는, 내용이 건전하기도하고, 발음이 정확하다. 또한 재미가 있다는 것이 1번의 이유였다. 이 만화영화를 자주 보다가 보니, 디즈니에서 만든 영화로 넘어갔다. 영화 또한 자극적이지 않은 소재를 통해서, 생활에서 활용하기 좋은 내용을 다루고 있다.

나는 17 again이나 아이스 프린세스 등 내가 재미있다고 생각한 영화는 몇 번씩 돌려봤다. 몇 번이 아니라, 수 천 번, 수 만 번은 돌려본 것 같다. 어느 날은 Kumar가 나의 방문을 열며 17Again이라는 영화를 보고 있는 나를 보며 말했다.

"17 again again?"(17어케인 또야?)

그리고 난 후에는 프렌즈와 같은 미국 드라마나 시트콤을 봤다. 내가 좋아하는 영화는 그저 언어 공부의 목적으로만 보지 않았다. 한 번 돌려보는 영화는 최소 수백 수천 번을 보게 되는데, 그때마다 감정이입을 하는 방식으로 돌려봤다. 예를 들면, 한가지 영화를 한번 보면 질린다는 사람이 있는데 나 같은 경우는 이런 식으로 같은 영화를 질리지 않게 볼 수 있었다.

첫 번째, 내가 제일 좋아하는 영화를 봐라.

전쟁영화나, 공포영화는 영어 공부하기 적합하지 않다는 말을 한다. 하지만, 나는 '라이언 일병구하기'라는 영화를 매우 좋아했다. 그래서 그 영화를 수 만 번 돌려봤다. 내용이 좋으면 무엇 하겠는가 내가 돌려보고 싶지 않다면, 나는 그 밖에 공포 영화나 액션영화 혹은 SF영화라 할지라도 내가 좋아하는 영화라면 수 만 번을 돌려봤다.

두 번째, 한국어 자막으로 몇 번을 봐라.

영어를 공부한다고, 시작부터 자막을 끄는 행위는, 비발디의 사계를 틀어놓고, 모든 계이름을 맞춰 보겠다고 하는 꼴이다. 일단은 이 전체 흐름이 어떻게 되는지, 한국어로 전반적인 감정과, 흐름을 파악해야 한다.

세 번째, 영어 자막으로 켜놓고, 분석하라

그 다음에는 영어자막을 켜놓고 하나하나, 분석한다. 솔직히 이 작업은 재미는 없다. 하지만, 딱 한번만 거치면 되는 일이기 때문에, 이 과정을 정확하게 거친다면, 영어는 일취 월장한다.

17Again이라는 영화에서 주인공인 Mark와 Alex의 아버지는 매우 친한 친구인 것으로 설정 된다. 그럼에도 불구하고 그들이 서로 만난 적 없다는 사실이 Alex에게는 의아스러웠다. 그때 Alex는 이렇게 말한다.

"How come we've never met?"(어떻게 우리가 한 번도 만난 적이 없지?)

How come이라고 하는 영어가 "어떻게 ~할 수 있었을까?"라고 하는 뜻이란 것은, 영어를 아무리 많이 듣는다고 해도 알아들을 수 없다. 문장 분석을 통해서, 하나하나가 어떻게 해석되는지를 파악해야 한다. 문장 하나하나가 어떻게 발음되는지 신경 써서 본다. 실제로 발음을 해본다.

나는 예전에 "I've been ~" 이렇게 시작하는 문장을 만나면 참 고민스러웠다. Ve의 발음과 Been의 발음을 동시에 어떻게 하는지 궁금했다. 그래서 영화를 보면, 미국영화에서는 간혹 하지 않을 때도 있는 듯 했다. 당시에 나와 언어교환을 하던 현지 대학생에게 물어봤다.

"이거는 v발음을 해야 해?"

그녀는 해야 한다고 말했다. 상당히 오랫동안, 그 축약의 발음 때문에 고생을 했지만, 지금은 내가 어떻게 하고 있는지 모르지만 나도 미세하게 한다는 것을 깨달았다.

네 번째, 자막을 끄고 봐라.

그 과정이 마무리되면, 영어 자막을 키고 수 십 번을 더 돌려본다. 그러고 나서 자막을 끄고 본다. 그러면, 나의 시선이 화면의 하단을 벗어나, 주인공의 입과 허로 향한다. 정확하게 어떻게 발음하는지를 보면, 흉내를 내는 것과 굉장한 차이가 있다는 것을 알게 된다. 특히 'L'발음이 그렇다. 'L'은 한국인들이 상당히 어려워하는 발음이다.

영화를 보다 보면 외국인들이 말할 때, 혀가 불쑥 보일 때가 있다. 대부분 'th' 때문이거나 'L' 때문에 그렇다. 그들처럼, 아예 상대에게 보여질 만큼 심하게 혀를 앞니 뒤나, 앞니 끝으로 옮겨라.

'에~' 하는 소리를 내는 상태에서 혀끝만 앞니의 끝을 건드리면, 정확한 'L'발음이 완성된다.

같은 영화를 수 천 번 보게 되면, 지루하지 않냐고, 와이프가 물었다. 나는 그럼에도 불구하고, 웬만해서는 새로운 영화를 보는 것보다. 이미 본 영화를 또 보는 것을 좋아한다. 이유는 이렇다.

'이 영화를 찍을 때, 감독은 어떤 생각을 했을까?' 혹은 '주인공 역을 찍은 배우는 어떤 생각을 하고 했을까?'

한번, 두 번 세 번을 보다 보면, 주인공은 어떤 생각을 했을지도 궁금하게 되고, 그 배우의 눈빛에도 의미를 부여하게 된다. 그러다 보면, 나중에는 '이 엑스트라들은 지금 뭐하고 있을까?' 이런 생각까지 발전한다.

감정을 많이 이입하고, 새로운 것을 찾아라.

문자메시지를 자주 사용해라

내가 유학을 할 때는 스마트폰이 없었다. 그래서 기본 폰에서, 문자메시지를 사용했었는데, 영어의 특성상 타이핑을 누를 때, 중복으로 눌러야 할 키 패드가 많아지곤 했다. 그러면, 자연스럽게, 채팅 용어를 사용하게 된다. 예를 들면 이렇다.

"See you later" 같은 경우는 "C U l8r."

"Tomorrow"는 "2mr"

"Did you eat something?" 같은 경우는 "D u eat smthn?"

이런 식이다.

이런 식의 채팅 용어는 쓸 수 있는 단어도 많게 해줄 뿐만, 아니라, 타이핑 하는 속도도 빠르게 해준다. 유학을 시작하고 첫 석 달이 되면, 보통 귀가 트인다. 그 때부터, 말이 트이기 까지는 엄청나게 오랜 시간이 소요된다. 하지만 생각보다 문자메시지로는 거의 모든 말을 할 수 있는 상태까지 간다.

참으로 희한하다. 문자 메시지로는 내가 외국인이라는 사실을 현지인들도 알지 못한다. 그리고 나에게 전화를 거는 경우도 많다. 나는 중고 물품 교환이나, 플랫메이트 구하기, 아르바이트 구하기 등등 거의 대부분의 활동을 한인 사회가 아닌, 현지 커뮤니티를 이용했다. 그들은 나를 실제로 보기 전까지, 내가 외국인일 거라고 상상도 못하고 나를 만났다.

자주 쓰다 보니, 표현력도 높아지고, 말을 할 때도, 그 표현력이 사용 된다. 영어가 느는 가장 좋은 방법 중 하나는 채팅과 문자였다. 한국어도 마찬가지인데, 실질적으로 말을 하는 경우보다는 글로 표현하는 내용이 훨씬 더 많다. 그 피곤도가 훨씬 적기 때문이다.

당신이 외국인 친구가 없다면, 펜팔을 통해서라도, 글로써 친구를 사귀어라.

질문자가 되어라

유창하게 말을 하는 것보다 중요한 건, 잘 들어주는 것이다. 우리는 남의 이야기를 잘 들어주지 않는다. 그래서 요즘은 듣는 기술에 대해 많이들 강조한다. 타인의 이야기에 경청하는 사람은 그렇지 않은 사람보다 훨씬 더 매력적이라는 실험결과가 있었다. 어떤 언어를 막론하고, 내 이야기를 들어주는 사람을 사람들은 좋아한다.

내가 외국인을 만난다. 그는 어설픈 한국어로, 알아듣기 힘든 발음을 해 가면서, 열심히 자기 말만 하고 있다. 당신은 그의 이야기를 얼마나 참으며 들어줄 것인가? 하물며, 그가 다시 만나자고 요청한다면, 당신은 나가서 그를 만날 것인가? 우리는 생각해 볼 필요가 있다.

한국인에게 외국인은 선생님 같은 존재이다. 그래서 보통은 그들의 질문에 대답을 하려고 마음의 준비를 많이 하는 편이다. 하지만, 그들이 질문을 하게 되면 곧 주눅이 들고, 대답을 못한다. 그리고 다음 질문을 기다린다.

보통의 패턴이다. 나는 외국인 친구를 만나면, 내가 선제적으로 질문을 한다. 인사도 먼저 한다. 오늘 무슨 일을 했는지? 기분은 어떤지? 등등을 물어본다.

그러면 그들은 나의 말에 대답을 해준다. 영어에서는 질문자가 물은 내용을 다시 되물어보는 것이 예의이다. 따라서 상대는 내 물음에 대답을 하고는 이렇게 말을 한다.

"What about you?"(너는?)

그러면 나는 앞 전에 했던 말들에서 비교적 쉬운 말들을 조합해서, 나의 상황을 설명한다. 그리고 만약, 그와 같다면 이렇게 대답한다

"So do I"(나도 그래)

단답형이라고, 말할 기회를 놓쳤다고 상심해 할 필요가 없다. 우리는 기본적으로 그와 의사소통을 더 자연스럽게 하고 있는 것이다. 생각해 봐라. 질문은 짧고, 또한 몇 가지 형태에서 그 목적이나 주어만 바꿔가면서 쓴다. 따라서 말을 하는 것도 매우 쉽게 할 수 있다. 그리고 내가 원하는 주제로 언제든지 대화를 이끌어 낼 수도 있다. 또한 상대의 취향이나, 상태도 확인할 수 있다.

그렇게 나는 질문을 많이 하면서, 그들과 친분도 했다.

영어를 잘하고 싶은가? 어떻게 대답할까 생각하는 것보다 먼저, 어떤 질문을 하는 게 좋을지 생각해보자.

내가 제일 처음 백인 친구를 사귀었을 때의 일이다. 그 친구를 만나면 참으로 편하고 좋았다. 키는 180이 넘는 키에, 머리가 하얀, 어렸을 적 중학교 책에 나오는 전형적인 외국인의 모습이었다. 그 친구를 사귄 지 꽤나 시간이 흐르고, 그 친구는 나에게 자신의 또 다른 친구를 소개시켜주었다.

"Where are you from?" "Do you like soccer?" 등등.

수많은 영어 질문들이 쏟아졌고, 오랜 시간 해외에 거주했음에도 영어가 잘 입 밖으로 나오지 않는 나를 보며 한심하게 생각했던 적이 있다. 그 날 나는 꿀 먹은 벙어리 마냥 아무 말도 못하고, 파티 내내 웃기만 하고 돌아왔다. 그날 밤 나는 나의 문제점이 무엇인지에 대한 고민을 시작했다.

문제점은 이랬다.

"혹시 아인슈타인의 상대성이론에 대해 관심 있어?"

라고 누가 물었다고 치자. 묻는 사람은 가벼운 질문이지만, 대답하는 사람은 '아니 관심 없어' 라고 말하던, 아니면 전문지식을 동원하여 말하던 두 가지를 택해야 한다. 즉, 어떠한 상황에서나 질문자가 비교적 유리한(?)입지를 갖게 된다. 질문자는 대화를 이끌어내며, 맞장구를 친다. 상대는 자기가 말할 수 있는 기회가 생기기 때문에 대화에 만족한다.

우리는 이런 간단한 대화의 기본 원칙을 영어 앞에서는 놓치고 만다. 우리가 해야 할 것은 영어가 안되기 때문에 어떤 대답이 나올까 두려워하다가 못 들었다고 자책 할 것이 아니라, 어떠한 질문이라도 일단 해놓고, 대답하는 이에게 피드백을 해주는 편이 더욱 현명하다.

생각해보라. 질문이 라고 하는 것은 대답하는 이를 만족시키며 크게 많은 어휘를 필요로 하지 않는다.

아기들을 생각해보면 쉽다. 장황한 설명을 하기 못하고. '뭐야?' '왜?' 따위의 질문을 자주한다. 우리는 영어를 공부하는 순간 어휘수준은 어린 아이가 되어 버린다. 그럼 처음부터 많은 설명을 하려 하지 말고, 질문을 해보는 쪽으로 선택하는 것은 어떨까?

당신의 말투로 공부하라

나는 영어 공부할 때, 가장 중요시 생각했던 것이, 하는 말에 감정을 집어 넣는 일이었다. 그저 정보만 제공하는 일보다는 감정을 넣고 이야기 하고 싶었다. 그래서 곰곰이 생각해봤다. 생각해보니, 내가 쓰는 말투는 한정되어 있었고, 그것을 연구하되, 나의 말투로 하는 것을 생각했다. 예를 들면 이런 것 들이다.

한번은 Jason과 밥을 먹으러 가기로 했다. 오클랜드 도서관에서 만나서 약속을 정하고 있는데 Jason이 나에게 물어봤다.

"What do you want to eat?"(뭐 먹고 싶어?)

나는 대답했다.

"Do your mind"

그는 알아듣지 못했다. 내가 하고 싶었던 말은 다름아닌 "네 맘대로 해" 였다. 한참을 내가 무슨 말이 하고 싶었던 건지를 설명하다가 Jason은 웃으면서 말했다.

"Do what you want?"

그 이후로 나는 내가 '네 맘대로 해'라는 말을 자주 쓴다는 것을 깨달았다. 그래서 나에게 딱 맞는 억양과 빠르기를 연습했다. 그리고 나의 말투를 만들었다.

2개국어, 3개국어, 혹은 4개국어를 하는 사람은 내가 하는 말에 공감을 할 것이다. 각 언어마다, 자신의 말투가 있고, 자아가 따로 있다.

당신이 영어를 공부하면, 영어로의 한 인격체를 새로 만드는 것이라고 생각하면 좋다.

유학을 선택해야 하는 이유?

어학연수가 끝나자 나는 바로 디플로마 학위를 신청했다. 해외에서 대학을 입학하는 방법은 두 가지가 있다. 하나는 파운데이션 코스로 입학하는 것이고, 하나는 디플로마 학위를 수료하고 편입하는 것이다. 파운데이션은 어린 친구들이 이용하는 방식이다. 해당 대학에서 우리나라 교양과목에 해당하는 정도의 교육을 미리 받고 거기서 얻은 점수로 해당 대학을 입학하는 것이다. 파운데이션은 1년이 걸리고 영연방 국가 대학교는 종합대학이 3학년이면 졸업을 하니 총 4년이 걸리는 코스이다. 나는 디플로마 학위를 받고 편입하는 방식을 택했다. 각기 대학마다 인정해주는 과목이 있는데 해당 과목을 잘 선별해서 들으면, 학년과 상관없이 과목을 인정 받고 편입해주는 제도이다. 내가 공부한 것은 디플로마 레벨6으로 총 2년이 걸리는 코스였다. 하지만 기간을 기준으로 두고 있지 않고, 학점을 기준으로 두고 있기 때문에, 최대한 당겨서 받으면 1년이면 받을 수도 있다. 물론 조기 수료라는 것은 결코 쉽지 않다. 조기 수료하게 되면, 곳에 따라 3학년으로 편입이 된다. 내가 편입하려던 학교는 3학년으로 편입이 가능했다. 그렇게 되면 종합대학교 졸업장이 2년 남짓으로 받게 되는 셈이다. 당신이 대학교를 선택하는 입장이라면, 나는 유학을 추천한다. 그 이유는 간단하다. 한국의 교육시스템에 대한 불신이나, 외국의 동경과 같은 것들이 아니다. 단지 시간과, 금전적으로 그것이 유리하기 때문이다. 나는 전공과목을 공부하면서 저절로 영어 능력이 늘었다. 나는 아무런 영어 시험을 치르지 않았지만, 한국에서는 나의 영어 실력을 묻지도 않고, 인정해 주었다.

보통 면접을 가거나, 사람을 만날 때, 어느 대학을 나왔는지를 물어보고, 토익은 몇 점인지를 묻지 않는다. 따라서 자신의 장점이 어필이 되지 않는다. 하지만 당신이 해외에서 대학교 졸업장이 있다면, 다른 사람들은 당신의 전공보다는 당신의 영어 실력을 높게 평가 할 것이다. 해외서 대학을 나오면 사실, 영어가 전공이 아니다. 전공은 따로 있다. 하지만, 해외에서 마케팅을 공부한 것이 한국에서 영어교육과를 전공한 것보다 어필이 되는 경우도 많다.

당신이 유학을 하게 되면, 기본적으로 언제든지 당신이 원하는 타이밍에, 투잡을 가질 수 있다. 당신의 전공이, 컴퓨터 공학이던, 수학과던, 마케팅이던 상관없이, 당신은 영어 과외를 할 수 있다. 실제로, 서울에서도 취업할 때, 어학원은 나쁘지 않은 조건으로 쉽게 입사가 가능 했다. 보통, 교육의 경우에는 어떤 걸 가르치느냐 도 중요하지만, 학생이 어떤 자극을 받고 동기부여가 생기는 지가 중요하다. 때문에, 가르치는 사람의 스토리텔링이 주요한 요소가 되기도 한다. 강사가 되라고 이야기하는 것이 아니다. 사람이 살면서, 배수의 진을 치고 사는 것도 중요하지만, 최소한, 밥을 굶지 않을 정도의 기술을 갖고 있는 것은 더욱 중요하다. 유학은 당신에게 그러한 보험을 제공해 줄 것이다.

만약 당신이 이미 대학을 졸업했다면? 내가 20대 초반에, 석사 학위를 취득할 수 있는 방법을 설명 들었던 적이 있다. 그것은 간단하면서도 어려웠다. 일단 제일 중요한 것은 논문을 쓰는 일이었다. 요즘은 원거리로 학위를 받는 일이 가능한 세상이다. 한국에서 공부하면서, 해외 학위를 받는 일도 있다.

영어를 잘하는 방법?

내가 어학원에 있을 적 일이다. 나보다 한 두 살 나이 많은 형과 한 조가 되어, 무슨 토론 비슷한 걸 해야 했다. 이 형은 한국에서 토익을 만점 가까이 받고 왔다고 말하고, 본인이 암기한 단어가 1만자가 넘는다고 자랑했다.

하루 하루 학원을 나가는 것이 고역이었다. 학원을 나가면, 그 형과 토론을 해야 했고, 그 형이 말할 때는 꿀 먹은 벙어리 마냥 있어야 하는 내가 너무 미웠다. 참 이상하게도, 클럽에서 직원들과 이야기 하거나, 손님하고 이야기할 때, 혹은, Kumar, Jason과 이야기 할 때는 술술 나오던 영어가, 이 형과 토론만 시작하면 턱 하니 막혔다.

미칠 노릇이었다. 가만히 고민해 봤다. '이 형이 역시나 어휘력이 좋아서 영어를 잘하는 구나.' 이 형은 막힘 없이 말했고, 내가 무슨 말만하면, 온갖 문법 용어를 들며, 틀린 부분을 지적했다. 그러던 어느 날이었다. 머리가 하나도 없는 민머리의 백인 선생님이 강의를 들어오셨다. 그는, 동그란 안경을 썼고 얇은 금테 안경은 그를 똑똑해 보이게 만들었다. 그 이미지에 반하도록, 거는 가벼운 하얀 셔츠에 폭이 풀럭거릴 만큼 넓은 통 면바지를 입고 들어왔다.

그는 우리가 토론하는 것을 유심히 들었다. 그리고 그 형에게 말했다.

"너무 어려운 단어만 쓰고 있어!"

그는 오히려 그 지적이 맘에 들었는지, 자랑스러운 표정으로 나를 쳐다보며 말했다.

무언가 백인도 어려워할만한 어휘를 쓰는 자기 자신을 자랑스러워하는 표정으로 나에게 말했다.

그날 우리가 이야기 하던 말은 "내가 너보다 나이가 많아서 많이 안다" 라는 식의 말이었는데, 그 형이 했던 말은 다음과 같다.

"Because, there's a great generation difference between you and me, therefore, I can more acknowledge than you."

선생님께서는 말씀하셨다.

"어렵게 말을 한다고 영어를 잘하는 것이 아니다. 오히려 쉬운 어휘로 다양한 표현을 하는 것이 영어를 잘하는 것이다.

그렇게 수업은 끝이 났다.

내가 유학을 온 지 며칠이 지나지 않고, 부모님께 전화를 해야 했다. 해외로 도착하고, 잘 도착했다 어쨌다는 말도 없이 몇 일을 살아버리고 나니, 부모님은, 유학원에 전화를 하기도하고 걱정이 많으셨던 모양이셨다. 유학원에서도 수 차례, 메일이 와 있었다.

참으로 무심한 인간 같으니라고..

나는 스스로를 반성하며 한국으로 전화를 해야겠다 생각했다. 요즘처럼 인터넷이 자유롭지도 않고 스마트 폰도 없는 시절, 작은 삐삐 모양의 핸드폰을 가지고 해외전화를 걸기 위해선, 10불짜리 해외 전화용 카드를 구입해야 했다.

나는 내가 살고 있는 마을에서 가까운 슈퍼마켓으로 갔다. 거기에는 무슬림으로 보이는 한 남자가 서 있었다.

가슴이 두근거렸다. 외국에서 혼자서 무언가 해본 첫 경험으로 기억이 든다. 나는 내가 아는 영어를 총 동원해 보기로 마음 먹었다. 나한테는 한국에서의 영어 교육의 총집합을 시험 받는 순간이었지만, 그에게는 말 못하는 동양인이, 장사도 안돼서 짜증나는 판국에 이것 저것 오래 말을 걸어 오는 것으로 보였을 것이다.

나는 말했다.

"I want to call… my mother… live in Korea… my friend say … card can call"

무슬림 남성의 이맛살이 찌푸려졌다. 수염이 잔뜩 난 그는, 그 닥 친절해 보이지 않았다.

나는 다시 용기를 내서 그에게 말을 건넸다.

"I heard… my friend say ….you have… card can call my parents live in korea"

그는 말했다

"I don't get it."

그리고 그는 본인이 보고 있던 잡지 책을 들여다봤다. 나는 얼굴이 붉어져서, 도로 나왔다. 그리고 내가 겪은 일들을 Jason에게 손짓, 발짓하며 설명했다. 같은 가게, 같은 남성. Jason은 그에게 가서 물었다.

"Phone card, please." (폰카드 주세요)

리더가 된다는 것은?

나는 해외에서 관리직으로 일을 했다. 4~5명의 직원을 다루면서, 하나의 매장을 운영하는 일을 하면서, 나는 항상 상사로부터 '리더십'에 관련된 이야기를 들었다. 내 해외생활 1막이 영어였다면, 2막은 리더십이었다.

내가 영어를 공부하기 위해, 영어를 켜놓고 잠을 들었던 것처럼, 나는 취업 이후에는 어떻게 하면 좋은 리더가 될 수 있는지를 항상 고민했다. 리더는 무엇이고, 어떻게 하면 직원들로부터 좋은 리더가 될 것인가? 오죽 했으면, 회식 때, 잠깐 나온 '리더'라는 말에 번뜩 놀라서, 술이 깼던 적도 있다.

나는 초등학교 5학년 때 즘, 학교 반장을 했던 적이 있다. 나는 내가 무슨 역할을 해야 하는 사람인지도 몰랐고, 그 자리의 책임도 몰랐다. 다만, '반장'이라는 타이틀을 갖게 되면 따라오는 칭찬들에만 관심을 가졌다. 내가 반장이 되고 나서, 할머니는 나에게 5,000원을 용돈으로 주시면, 칭찬을 했다.

나는 반을 책임진다거나, 어떻게 이끌어갈지, 혹은 어떤 분위기를 하고, 어떤 일을 해야 하는지 전혀 관심을 두고 있지 않았다. 그저, 조회시간에 제일 앞자리에서 반을 이끈다거나, 수업이 끝나고 나면,

'차렷! 선생님께 경례!'

하는 겉모습만 생각 했는지도 모른다. 내가 진짜 조직의 리더가 되었던 건, 군대 있을 때였다. 나는 권위적인 리더는 항상 결말이 좋지 않다라는 확신이 있었다. 군대라고 하는 절대 계급 사회에서, 나는 병장의 지위를 이용해서, 내가 가진 힘을 내려놓는데 희열을 느꼈다.

이등병, 일병들을 데리고, 소각장 청소를 하라는 지시를 받았던 날이 있다. 그때는 후임병사들을 이끌고 소각장 청소를 하기 위해 리어카를 끌고 가서 작업을 마쳤다. 나는 돌아올 때, 가위, 바위, 보를 해서 진 사람이 이긴 사람을 리어카에 태워서 끌어주자고 제안했다. 내기를 워낙 좋아해서 그 밖에, 아이스크림 심부름 하거나, 청소하기 등의 내기를 후임병들과 걸었다. 한 번은, 병장이

후임병들을 태우고 리어카를 끌고 가는 모습을 보신, 주임원사님이 우리를 부르셨다. 당시에는 선진 병영이라는 타이틀로, 이등병과 일병에게 잘해주는 병사를 독려하는 분위기였다.

주임원사님은 그때 말씀했다.

"아무리 군대가, 좋아지고 있기로 서니, 지금 이 모습은 결코 보기 좋지 않다. 차라리 오병장이 뒤에 타거라."

물론 좋은 예는 아니겠지만, 나는 내가 권위를 내려 놓을수록, 진짜 권위는 올라 간다고 믿는다. 나는 실질적으로, 군 내에서 좋은 평가를 받고 전역했다. 진짜 권위는 권위를 내려 놓을수록 올라간다. 나는 항상, 그 노력을 계속 해왔다. 그러다 보니, 어느 날은 한 직원이, 회식 도중에, 사장과 상사가 있는 앞에서 이런 말을 했다.

"매니저님은 리더십이 있으신 거 같아요."

괜히 상사와 사장님 앞에서, 어깨가 으쓱해졌다. 예전에 이런 영상을 하나 본 적이 있다. 아주 커다란 공터에서, 사람들이 몇몇 있었다. 그 중 길을 지나가는 한 남자가 갑자기 공터의 가운데에서, 음악을 키고 미친 듯이 춤을 추었다. 사람들은 그 사람을 미친 사람 취급했다. 그 춤은 멈춰지지 않고 수 십 분이 이어졌다. 사람들은 눈살을 찌 뿌리기도 하고, 걱정스러운 눈빛을 보내기도 하고, 그를 피해지나 가기도 했다. 한 시간이 지나자, 지나가던 다른 행인이, 그와 함께 춤을 춘다. 혼자 하던 행위가 둘이 되니, 둘은 조금 더 신이 나게 춤을 춘다. 지나가던 사람들은 둘을 구경하면서 피식 피식 웃기 시작한다. 하지만 그저 지나간다.

수 시간이 지났다. 처음 춤을 추던 사람을 포함하여 세 사람, 네 사람 이렇게 춤을 추는 사람들이 늘어났다. 지나가던 사람들은 멈추어 서서, 그들을 보며 박수를 치고 즐기기 시작했다.

　꽤나 많은 시간이 지났다. 그 공터에 있는 모든 사람들이 춤을 춘다. 이제는 춤을 추고 있지 않은 사람은 이상한 사람처럼 되어 버린다. 최초로 춤을 추던 사람은 누구인지 모르지만, 다들 그의 첫 시작이 자신의 행위까지 영향을 미쳤는지 모른다.

　많이 공감하는 내용이다. 리더란 그러한 것이다. 처음 길을 가는 사람이다. 그 사람 뒤로는 수 명이 따라 올 수도 있고, 많은 이들이 따라올 수도 있다. 어쩌면 아무도 그를 따라 하지 않을 수 있다. 하지만 중요한 것은 시작하는 것과, 멈추지 않는 것이 계속 된다면, 주변의 시선은 리더를 동경하는 눈빛으로 바뀌게 된다는 것이다.

재미있는 에피소드 몇 가지는 준비하고 있어라

재미있는 에피소드가 있다. 한국인들은 그냥 콧방귀를 뀌는 이야기지만, 처음 만난 외국인들 사이에서는 꽤나 유용하게 쓰일만한 얘기다. 이야기는 이렇다. 첫 번째 이야기, 어떤 한 여자아이가 어학원에서 밥을 먹고 있었다. 그때, 같은 어학원을 다니는 베트남 아이가 한국 여자아이에게 물었다.

"Are you vegetarian?"

그러자 한국 친구가 말했다.

"No, I'm korean."

이 이야기는 매우 유치하지만, 상황에 따라 어색한 분위기를 바꿀 수 있다.

두 번째 이야기, 일본인 친구가 반이 있는 어학원에서 있던 에피소드이다. 일본인 친구 하나가 한국인 셋에게 둘러 싸여 있다. 보통 운이 나쁜 어학연수생은 이런 어학연수를 보내기도 하는데, 유학원에서 프로모션을 따기 위해 학생을 몰아보내면, 거기는 아예 외국인이 일본인 하나 정도에 한국인 셋의 비율을 가질 때도 있다. 아무튼 일본인 친구가 말을 하다가. 이렇게 말했다.

"싸타데(saterday)."

내용은 대략, 토요일 친구와 영화를 보러 갔다 왔다는 이야기 같았다.

그러자 옆에 있던 한국인 친구가 일본인 친구를 가르쳐준다,

"노노, 쌔.터.데.이~~"

실제로 현지인들은 잘 웃지 않는 유머일순 있지만, 영어를 공부하는 입장에서는 많이 웃는 편이다. 그렇다면 현지인을 웃기기 위해서는 무엇을 해야 할까? 현지인들을 웃기는 방법은 간단하다.

슬랭이나, 욕을 배우면 된다. 예를 들어보자면 이렇다.

내가 뉴질랜드에 도착한 지 일주일이 되었을 때 홈스테이 맘이 물었다.

"What did you do on this weekend?"

이 질문에 나는 영화에서 보았던 문장을 썼다.

"I hang around the city with my friend."

그러자 케서린 아주머니는 소리를 내시며 크게 웃었다. 이러한 에피소드를 몇가지 가지고 있는 것은 영어 대화에 큰 장점이 된다. 또한 이러한 에피소드는 정형화 되고 자주 사용하기 때문에 거의 하나의 스토리 전체를 영어로 말할 수 있게 된다. 이러한 에피소드가 많아 질수록 상대와 지루하지 않게 대화를 해 나갈 수 있게 된다.

첫 만남에서의 대화 진행은 뻔하다. 보통 해외로 나가게 되면, 처음 만나는 사람들이 많아진다. 그렇다면 항상 하던 말만 돌아가며 하는 경우가 많다. 보통은 처음 만난 사람들과는 심오한 이야기를 하지 않는다. 또한 개인적인 질문이나 대답도 잘 하지 않는다. 때문에 첫만남에서는 아주 뻔한 이야기를 재미있게 이끌어 갈 수 있다

가장 기본적인 내용으로는 상대 국가의 음식이나 연예인을 아는지 물어본

다 던지, 한국을 방문한 적은 있는지, 어떤 음식을 좋아하는 지 등이 있다. 한 번은 유럽의 '리투아니아' 라는 나라에서 온 'Red'라는 친구가 있었다. 그의 영어는 유창하다고 말하는 것 조차 부끄러울 만큼 현지인처럼 말했다. 그와는 매우 친한 친구 사이가 되었는데, 한 번은 이러한 경험이 있다.

그와 처음 만났을 때의 일이다. 나는 항상 처음 만나는 사람과는 재미있게 대화를 리드해 나간다. 그것은 현지 친구를 만났을 때도 마찬가지이다. 하지만 문제는 두 번째, 세 번째부터 발생했는데, 내가 할 질문이 모두 떨어지고, 에피소드가 다 떨어지고 나면, 그때부터는 진짜 영어 실력이 들통난다는 사실이다.

나는 Red를 만났다. 그때는 뉴질랜드로 간지 얼마 안됐을 때 일이었는데, Red는 나의 영어실력을 보고 매우 놀랐다. 정말 믿겨지지 않을 만큼 영어를 잘한다며, 나보고, 여기서 살았던 거 아니냐고 물었다.

나는 괜스레 기분 좋았다. 하지만 이렇게 말했다.

"만약, 우리가 두 번째 만날 땐, 나는 벙어리가 되어 있을 거다."

그가 나를 만났을 때, 그는 나와 만나면서 웃느라 정신이 없었다. 나의 영어 실력은 의심하지도 않을 정도였다. 그래서 첫 만남 이 후 그는 나를 재미있는 친구로 기억하고 있었다. 그리고 우려하던 두 번째 만남이 이어지고, 나는 자연스럽게 벙어리가 되었다. 그러자 그는 말했다.

"장난치지 말고, 숨기지 말고, 너의 본 모습을 보여줘.!!"

나는 대답했다.

"내가 벙어리가 될 거라고 말했지?"

내가 첫 만남을 즐겁게 하는 스킬 연구한 것은 언 발에 오줌 누기 같은 행동이다. 일단 첫만남으로 친구를 사귀어야, 두 번째 만남도 있을 수 있는 것이다. 그 친구가 나를 재미있는 놈으로 알게 된 후, 나는 Red와 더욱 친해지게 되었고, 나의 영어도 매우 빠르게 늘었다.

앞으로는 더 잘될 것 같은 느낌!

나는 도발적인 이 말을 좋아한다. 어렸을 때 얼핏 빌게이츠가 아침에 눈을 뜨고 나면, 제일 먼저 하는 말이 '오늘은 나에게 엄청난 행운이 올 거야'라고 말한다는 이야기를 들은 적이 있다. 물론 그 이야기가 사실인지 아닌지는 알 수가 없다. 허나, '에밀 쿠에'의 '자기암시'라는 책을 보면서, 나는 깨달은 바가 있다.

우리를 결정하는 것은 의식이 아니라, 무의식이다라는 사실이다. 실제로 자신의 미래를 긍정적으로 바라보는 사람의 결과는 부정적으로 바라보는 사람보다 좋다고 한다. 내가 10년 전 작성했던 다이어리에서, 수기로 적어두었던 목표는 지금 돌아보면 90%이상 이루었다.

유학을 하게 됐고, 현지에서 영혼의 친구들을 만나게 되었고, 영어능력도 키우고, 현지 취업이나, 싱가포르 수출, 개인 사업을 통해, 커다란 돈도 벌어 보았다. 영어강사라는 직업을 통해서, 여러 청중 앞에서 나의 인생 이야기도 해보았고, 지금은 또한 책도 출판하고 있다. 매일 소름이 돋을 만큼, 잘하고 있다는 생각이 든다. 이런 자기 긍정이 내가 움직이는 원동력이 되기도 했다.

정말이지, 무의식이라는 것은 중요하다. 나는 지금도 아침에 일어나면, 육성으로 '앞으로 더 잘 될 거 같다!', '오늘은 나에게 엄청난 행운이 올 거야'를 외친다. 그러고 나면, 세상을 맞이하는 나의 태도가 더 안정적이고, 당당해지는 것처럼 느껴진다. 나에게는 많은 경험이 있다. 이 책에서는 심지어 쓰지도 못한 굵직한 사건도 많다. 이러한 일을 겪으면서 나는 깨달은 것이 있다.

그것은 바로 '무의식을 이용하자!'이다.

나는 조각가 '피그말리온'에서 유래된 '피그말리온 효과'를 믿는다. 이것은 타인의 기대나 관심으로 능률이 오르는 현상을 말한다. 즉, 내가 뱉은 말로, 타인은 나의 다음 행동을 기대하게 된다. 나는 그 기대를 충족시키기 위해 움직인다. 그것이 나를 움직이는 추진력이 되었다. 내가 군대에 있을 때는, 나는 곧 유학을 떠날 것이고, 배고픈 유학생 생활을 하면서, 현지 취업도 하도 무역업도 할 것이라고, 큰소리 치고 다녔다. 또한 싱가포르에 메일을 보내놓고, 본격적인 비즈니스가 시작하기도 전에, 나는 곧 싱가포르와 큰 수출이 이루어질 것이라고 말하고 다녔다. 그리고 그 것들은 곧 현실이 되었다.

아무것도 없던 시절의 마윈과 10분의 사업계획을 듣기로 한, 소프트뱅크의 손정의는 불과 6분만에 그에게 204억원의 투자를 경정했다. 그리고 14년이 지난 뒤, 손정의의 투자금은 3,000배로 불어났다. 그 밖에 그가 '우미'라는 여자와 결혼을 약속 했을 때, 일화가 있다. 신혼 여행을 떠나서 그녀에게 이런 허풍을 내뱉었다고 한다.

"조만간 거대한 저택에서 살게 해주겠소"

그리고 그의 나이가 40세가 되던 해, 그 허풍은 현실이 되었다. 950평에 3층 짜리 초호화 저택을 아내를 위해 구입해 주었다.

또한, 두 명의 시간제 임시 직원만 있던 조그마한 사무실에서 그는 사과박스 위로 올라가, 인생 50년 계획을 설파하면서 매출 1조엔의 청사진을 제시하기도 했다. 이러한 허풍으로 이 두 직원은 그만두게 되었지만, 손정이는 그가 했던 허풍을 이루어내었다. 그가 했던 말이다.

'나는 10대 때부터 말도 안 되는 허풍을 떨곤 했다. 그렇게 호언장담을 하고 나면, 궁지에 몰리게 된다. 그런데, 그게 오히려 강한 책임감과 동기 부여로 작용해 어떻게든 그것을 사실로 만들기 위해 노력했다. 조직의 미래를 장담하고 강한 결의로 사람들을 이끄는 것, 이게 나의 리더십이다.'

이는 자기 충족적 예언과 일맥 상통한다. 이는 자기가 예언한 대로 현실에서 충족되는 형상을 말한다. 물론, 내가 말하는 모든 것이 현실에서 이루어지지는 않았다. 때로는 가족이나 지인들로부터 허풍이나 허황된 생각을 한다는 말도 많이 들었다. 하지만, 내가 생각하는 것들은 이미 현실세계에서 누군가가 했거나, 하고 있는 일들인 경우가 많다. 단지 그들이 주변에 없어서, 존재를 확인 하지 못했기 때문에 믿지 않을 뿐일 것이다.

세계 최초로 에베레스트 정상을 밟은 뉴질랜드 산악인 '에드먼드 힐러리 경'은 어떻게 그 높은 산을 올랐는지에 대한 질문에 이렇게 대답했다고 한다.

"간단하다. 그냥 한 발, 두 발 걸어서 올라갔다."

누구나 쉽게 뗄 수 있는 발걸음이라는 행동이 꾸준하게 모이면 위대한 업적이 된다는 그의 말처럼, 크게 대단한 것이, 오늘도 내일도, 터벅터벅 묵묵하게 진행 중이다.

부록_일기 외국에서의 기록들

2010년 10월 9일 토요일 23시 55분 32초

TV도, 불도 컴퓨터도 꺼진- 남쪽 외국의 어두운 밤. 그리고 천장.

누워있는 상태로 양쪽 눈의, 눈꺼풀을 닫는다. 눈꺼풀 뒤로 한 점의 불빛도 방해가 없으니, 한참 동안이나 감성적인 생각들이 마구 떠오른다. 추억해보니, 문득 그리워하는 모습들이 어쩌면 외로움일까 싶은 생각도 스쳐 지나간다.

'조금 더 감성적 이어보자'

다시 커튼 뒤편의 서리를 걷어낸다.

하얗게 낀 창문에 서리를 넘어 비쳐오는 불빛들이 '너는 혼자 있는 것이 아니다' 라고 말해준다.

이렇게 많은 사람들이 바글거리는 도심에서, 나는 외톨이가 되어 있는가?

2010년 10월 28일 목요일 23시 32분 15초

몸이 많이 힘이든가 보다, 허리부터 종아리, 어깨, 파스가 붙어있지 않은 곳이 없다. 엄지 발가락 밑에 난 커다란 물집과 발바닥 전체를 덮고 있는 물집 덕분에 걸어 다닐 수가 없다.

청소 일을 시작한지는 어느덧 4일째를 접어 들었다. 매일 한 시간이 걸리는 거리를 학교부터 걸어간 뒤, 3시간이 조금 넘는 시간 동안 청소를 한다.

내가 살던 지역은 도심이다. 그 도심에서는 시간대를 맞출 수 있는 일자리를 찾기 여간 어려운 것이 아니었다. 찾고 찾고 또 찾고, 몇 날 몇 일을 학교 공부보다 신중에 신중을 기했다. 그렇게 찾은 'Girls Grammar School 청소' 덕분에 현지 학교 선생님들과 인사를 하며 안면이 트는 사이가 되었다. 참으로 재미있는 일이지.

5킬로가 가까이 되는 듯한 무거운 청소기를 등에 지고, 주렁주렁 엄청나게 긴 줄을 한쪽 손으로 감아가며, 건물 3동을 혼자 청소한다. 귀에는 MP3가 시끄러운 소음을 막고, 시트콤 프렌즈의 대사를 읊어준다.

"편한 한 옷과 신발을 신으시는 게 좋으실 거에요"

사장님의 조언대로 편안한 신발과, 옷을 입고 싶지만, 내가 갖고 있는 옷은 외출복 단 두어 벌! 잠옷을 입고 갈수는 없지 않은가? 몸이 힘드니 다른 생각은 비집고 들어올 틈이 없다.

2010년 10월 31일 일요일 23시 23분 12초

나에게는 Jason이라는 친구가 있다.

내가 뉴질랜드로 온 첫 날, 나는 인터넷에 '언어 교환할 친구 구함'이라는 공고를 올렸다. 머리가 길고, 금발의 늘씬한 백인 여성이 올 꺼 라는 부푼 기대감을 갖고 올린 글에, 문자가 왔다.

'내일 바로 만나자.'

우리는 유명 카페 근처에서 보기로 했다. 아무리 기다려도 내가 기다리는 외형의 그 친구는 나오지 않았고, 키는 188정도 되고, 생머리에, 피부가 조금 어두운 친구가 환한 웃음으로 나를 반겨주었다.

그는 잘생긴 연예인 같은 외모를 하고 있었고, 매너도 좋으며, 재미있는 친구였다. 그렇게 내가 뉴질랜드로 도착한 첫날 생긴 이 싱가포르인과 나는 결국, 가장 친한 친구가 되었다.

아무튼 어제는, Jason과 놀다가, 서로 집으로 돌아가기로 하고, 돌아가서는 Assignment(숙제)를 시작했다. 하다 보니, 도저히 인터넷이 없이는 힘들겠구나 싶었다. 그때 마침 Kumar(인도 친구)에게서 전화가 왔다.

오늘 인도 축제가 있으니, 같이 놀자는 전화.

내가 그의 초청에 한 첫 질문은 이거였다.

"Is It for free?"

그는 웃으며 그렇다고 했다. 그리고 나의 두 번째 질문은 이어졌다.

"Are you sure it is for free?"

그는 다시 웃으며 대답했다. 그렇다고. 나는 마지막 질문을 했다.

"YOU ARE SURE ABOUT IT"

5시 경, 나는 인도 축제가 열리는 도심으로 향했다.

2011년 2월 27일 일요일 22시 31분 56초

검은 색의 크고 투박한 컴퓨터의 화면을 덮었다. '웅~ 웅~'하고 2차 세계 대전 독일 탱크 굴러가는 소리가 순간적으로 멈춘다. 이 크고 투박한 네모 반

듯한 도시바 노트북은 해외 생활 4년차된 내가 의지하고 있는 친구이기도 하다.(해외생활은 그 이후로도 수년을 더했다.) 시끄러운 독일 탱크 소리가 멈추자, 들려오는 건, 어두운 뉴질랜드 밤하늘 별 빛과 잘 어우러지는 작은 풀벌레 소리다. 시내를 바쁘게 오가는 자동차 소리도 들리고, 우주 속 한 가운데 버려진 듯한 착각을 가져다 주는 남태평양의 하늘도 눈에 들어오기 시작한다.

어제 봐 둔 아르바이트 자리는 두 개다. 하나는 주말 아르바이트고, 다른 하나는 클럽/바를 동시에 운영하는 곳의 뒷정리를 하는 일이다. 나는 성격이 내성적이고, 낯 가림도 심하다. 그런 내가 이곳 뉴질랜드까지 나 홀로, 책가방을 매고 온 이유는, 내가 나를 깨어내는 짜릿한 쾌감 때문이다. 나를 그대로 두면, 평생을 경험 하지 못할 일들을, 나 스스로가 깨어가며, 새로운 경험을 할 때마다, 나는 인생을 새로 사는 기분이 든다. 그런 이유로 나는 클럽 일을 하는 것에 마음을 두고 있었다.

시간이 잘만 맞게 된다면, 아주 훌륭한 일자리가 될 것 같다는 생각도 한다. 낮에는 학교를 다녀야 하기 때문에, 밤에 일하는 일은, 나에게 매우 매력적이다.

금요일 저녁에 내 제일 친한 친구인 Jason(싱가포르인)과 한국 고기 뷔페 집을 갔다. 간판이 빛이 바랜 음식 집인데, 한국에서 고기 뷔페의 열풍이 꺼질 즈음해서, 이곳 뉴질랜드에서는, 신문화로 떠오르며, 많은 한국 젊은이와 외국 젊은이들이 드나드는 곳이 되었다. 고기의 품질은 그다지 좋지는 않았지만, 우주 속 야경을 여행하는 기분으로 삼겹살 한 점을 먹는 맛이란 꿀맛이다. 이는 퀸 스트리트 위쪽에 있는 고기 집이었는데, 항상 사람이 북적이고, 한국어와 영어가 뒤섞여 있으며, 노란 머리와 검은 머리가 뒤죽박죽 섞여 이색적인 풍경을 자아내는 곳이다.

나와 Jason은 정말이지 오랜만에 포식을 했다. 가벼운 소주 한잔과 고기는 지상 낙원을 이곳으로 옮겨다 주는 마법의 묘약 같았다. 그곳에서 나는 내 영어가 왜 늘지 않을까 하는 문제점도 찾게 되었다.

'그건 바로 내 앞에 앉은 Jason 이 녀석 때문은 아닐까?'

술이 한잔 들어가자 되도 않는 영어 문법으로 Jason에게 속마음을 터놓았다.

'내가 되도 않는 영어를 해도, 눈짓 것 다 알아 듣는 네 놈 때문에 내 영어 실력이 안 느는 거야. 하하.' 나보고 미국 드라마로 공부해서 어설픈 미국식 발음 때문에 더 알아듣기 힘들다는 Jason은 오히려 나에게 타박했다.

이번 주에는 내가 그 동안 해왔던 아르바이트 중 하나를 그만 두었다. 몸이 많이 상한 느낌이라서, 정리를 하기로 마음 먹었던 것. 공부와 일의 병행은 아무래도 쉽지 않은 것 같다. 하지만 나쁘진 않은 경험이다. 내가 비행기 표를 끊고 이 곳으로 몸을 이동 시키는 순간부터, 나는 내가 평생 겪어 보지 못할 것들을 매 순간 겪고 있으니까..

내가 이 타지에서 겪는 모든 일들이 다른 누군가의 길잡이가 될 수도 있다. 어두운 길을 앞장 서는 이에게는 보이지 않는 앞으로 한발을 내밀 때의 두려움과 기대감이라는 두 가지 짜릿한 감정을 가질 수 있다. 그리고 그 발자국이 어느 누군 가에게는 길이 된다는 생각을 갖고 있다.

내가 겪는 일들이 많은 사람들에게 알려지고 좋은 길라잡이가 되기 위해서는, 내가 도착하는 곳이 훌륭한 목적지이어야 할 것이다.

2011년 3월 1일 22시 30분 10초

키가 작은 백인 친구가 생겼다. 유럽의 작은 나라에서 온 친구였는데, 친구라고 하기엔 나이가 나보다 10살이나 많은 친구였다. 작은 키에 네모나고 작은 안경을 쓰고 있는 모습이, 쉽게 미국 시트콤 '빅뱅이론'의 '레넌'이라고 하는 캐릭터가 생각나는 친구였다.

이 친구는 동양문화에 관심이 많았고, 특히 영어는 원어 민 수준으로 능통한 친구였는데, 그는 아시아 친구들을 사귀며, 동양 문화를 배우고, 영어를 가르쳐주면서, 인맥을 넓히고 있는 친구였다. 한 번은 이 친구를 따라, 비슷한 또래의 백인들 무리의 파티에 참여한 적이 있다.

누구나 그렇듯이, 홈 그라운드인 측은 언제나 적극적인 편이다. 그들이 사용하는 영어라는 언어로 더 익숙한 나라에 있으니 당연히 질문은 그들의 몫이었다. 나는 그들의 질문에 대답하기 바빴다. "한국과 일본은 왜 사이가 안 좋은가?"

"중국어와 한국어는 어순이 다른가?" 등등. 그들은 나와 친해지기 위해 나의 문화에 대해서 적극적으로 질문을 하였다.

이 질문들에 다 대답하지 못했다. 나의 영어 실력에 한참을 실망하고 있을 때, 돌이켜 생각해봤다. 만약 한국어로 대답한다면, 제대로 대답할 수 있을까? 문제는 '언어가 아니다. 깨달은 바를 통해 나는 폭풍 같은 질문을 쏟아냈다. '너희들 나라는 축구를 좋아하느냐?', '뉴질랜드와 호주는 국가 관계가 어떤가?', '백인들이 들었을 때 일본어와 한국어를 구분 할 수 있는가?'

되려 질문자가 되고 나면, 대화를 리드하면서, 나에게 유리한 주제를 이끌어낼 수 있다는 점을 깨달았다. 그리고 고급 어휘는 내가 아닌 그들이 사용하게 된다는 점과, 상대도 자신들이 이야기 할 기회가 생김에 기뻐하며 신나게 말할 기회를 준다는 것.

내가 그 이후로 한 일이라고는, 반 정도 알아듣고, 반 정도 눈치로, 끄덕임과 리 액션이 전부였다.

나는 그 이후로, 그 친구들과 꽤나 친하게 지낼 수 있었다.

2011년 3월 3일 목요일 22시 22분 21초

"와또니, 미똔, 싸따데(Why don't we meet on Saturday?)"

일본인 친구가 하나 있다. 우연하게 알게 된 친구인데, 나보다 나이는 3살 정도 많은 여자아이였는데, 일본에서도 굉장한 명문대로 손꼽히는 대학 출신인 그녀는 한국어를 공부하고 싶어했고, 나는 '3개국어 가능 자'라는 타이틀을 탐내고 있었다. 그렇게 서로의 이해관계가 맞아 떨어지며, 영어, 일본어, 한국어가 섞인 특이한 언어 교환이 진행 되었다.

이 친구의 영어실력은 꽤나 나쁘지 않았다. 일본식 발음과 억양이 꽤나 심하긴 했지만, 사용하는 어휘나 문법은 상당했다. 신경 써서 듣지 않으면, 영어를 하고 있는 건지, 일본어를 하고 있는 건지 자주 확인하여 물어 봐야 하는 악센트였다.

그러다가 오늘 있었던 일이다. 오늘도 어김없이, 그녀와 언어 교환 수업을 진행하기로 했다. 한 번에 언어 교환을 하는 친구가 4-5 명씩은 되다 보니, 한국어를 알려주는 스킬 하나만큼은, 분명 일취월장 하고 있었다. 친구들은 하나같이, 내가 강사를 하면, 참 재미나게 잘 할 거라고 그랬다.

그러다 어느 날, 이 친구가, 친구를 둘을 함께 데리고 왔다. 같이 온 일본 여자 둘은, 한국에 꽤나 관심이 있어했다. 우리는 시내 한복판에 있는 유명 카페로 향했다.

'Just green tea, please.'

일본인 앞에만 있으면, 영어 발음 우월감을 느끼는 전형적인 한국인으로써, 멋들어지게 녹차를 주문했다. 점원은 10대 후반인지, 20대 초반인지 모를 애

띤 얼굴의 백인 남자아이였다. 키는 멀뚱히 크고, 얼굴은 불그름한 게, 빨간색 머리와 잘 어울렸다.

카페를 이용해 본 경험이 많지 않은 나는 항상 녹차를 마셨다.

나를 따라서 일본인 셋도 녹차를 주문했다.

녹차 세 잔을 야외 테이블에 갖다 놓고, 시내가 한눈에 보이는 높이에서 녹차를 한 모금 들이켜보았다.

따뜻했다.

그리고 함께 온 일본 여자 둘이 물었다.

온통 한국 드라마와 K-pop에 관련된 이야기였다.

한국인인 내가 꽤나 흥미 있어할 거라고 생각했는지, 한참을 한류 스타와 드라마 관련된 이야기만 늘어놓았다.

글을 마치며

가끔은 아주 작은 시작이 큰 결과물을 만들어 준다. 오른 손에 쥔, 마우스에서 나오는 '딸깍' 소리가, 비행기표 구매, 유학과 현지 취업으로 이어지고, 'Hi, I'm Ian'으로 시작하는 짧은 메일이, 다음 주 싱가포르 수출 일정을 잡아줬다.

우연히 일기장을 뒤지다가, 잊고 있던 유학 시절 일기를 보게 되었다. 일기장이 비행기를 타고, 지구를 몇 바퀴나 돌았는지 모른다. 검은 손 때와 까마득한 세월의 흔적을 만져보며 지구 반대편에서 있던 생각과, 경험이 고스란히 녹아 있음을 깨 닳는다. 집 안 한 구석, 서랍 속에 빛을 보지 못하고 있는 보석이 어딘가 짠했다.

'저 중 한 줄이면, 누군가에게는 분명 큰 도움이 될 텐데…' 시덥잖은 생각으로 출발한 나의 글쓰기는, 살아온 인생을 되돌아보는 기회까지 만들어 주었다.

이 이야기는 나의 20대의 일이다. 어린 나이에 해외에서 과분한 직책과 급여 그리고 대우를 받으며, 일하기도 했고, 보통 사람들과는 판이한 경험을 갖기도 했다.

이 책에는 내가 겪은 일의 극 일부만 들어가 있다. 해외에서, 지점장 직책으로 매장과 직원을 관리하면서 겪었던 일화나 유학하면서 있었던 일들 혹은 아르바이트와 영어 관련한 많은 일들, 한국에서의 경험들……. 사람들에게 하고 싶은 이야기는 수도 없이 많다.

가끔 주변을 돌아보면, 나의 이야기가 도움이 될 것 같은 상황을 마주한 사람들을 볼 때가 있다. 그들에게 내 이야기가 전해지기 위해서는 책의 제목처럼 내가 조금 더 낫은 사람이 되어야 한다. 나는 앞으로 내 미래에 더 긍정적인 기대를 하고 있다. 누군가는 타인의 인생을 성공과 실패로 판단한다. 그렇게 본다면, 독자나 저자 모두 실패한 사람이 되기도 하고, 성공한 사람이 되기도 한다. 우리나라 사람들은 참으로 열심히 산다. 하지만, 언제나 주변에 넘쳐 나는 더 대단한 사람들 덕분에 항상 열등감을 갖고 살아간다. 본인이 상대적 실패를 했다고 생각한다. 만약 당신도 실패했다는 생각이 든다면, 떠올려라.

'성공과 실패는 마침표 뒤에 찍는 표식이다. 당신이 찍을 마침표 자리에 쉼표만 찍어 두자.' 우리가 앞으로 찍게 될 표식인 '성공'이라는 표식을 기다리며, 마침표를 아껴주자. 앞으로도 우리에게 좋은 일만 일어나지는 않을 것이다. 좋은 일이 있다고 기뻐할 필요도, 나쁜 일이 있다고 슬퍼할 필요도 없다. 그저 담담하게 인생의 파도에 몸을 맡기며 그 출렁임을 즐기기만 하면 된다.

글을 쓴 나와, 글을 읽는 독자가 모두 앞으로 잘 되기를 빈다.

나의 다듬어지지 않은 글을 세상 밖으로 끄집어내어주신 출판사 관계자 분께 감사의 말씀을 드리며, 항상 응원해주는 아내와, 아이들에게도 감사의 말을 전한다.